JESUS CRISTO, SALVAÇÃO DE TODOS

Dados Internacionais de Catalogação na Publicação (CIP)
(Câmara Brasileira do Livro, SP, Brasil)

Ladaria, Luis F.
　Jesus Cristo, salvação de todos / Luis F. Ladaria ;
tradução Cleusa Caldeira. – Petrópolis, RJ : Vozes, 2021.

　Título original: Jesucristo, salvación de todos.
　Bibliografia.
　ISBN 978-85-326-6441-9
　1. Cristianismo 2. Jesus Cristo 3. Jesus Cristo – Ensinamento
4. Teologia sistemática I. Caldeira, Cleusa. II. Título.

20-32539　　　　　　　　　　　　　　　　　　　　　　　　CDD-232

Índices para catálogo sistemático:
1. Cristologia : Teologia cristã   232

Iolanda Rodrigues Biode – Bibliotecária – CRB-8/10014

LUIS F. LADARIA

JESUS CRISTO, SALVAÇÃO DE TODOS

Tradução de Cleusa Caldeira

EDITORA VOZES

Petrópolis

© San Pablo, 2007 (Protasio Gómez, 11-15.28027 Madrid)
© Universidad Pontificia Comillas, 2007
© Luis Francisco Ladaria Ferrer, 2007

Título do original em espanhol: *Jesucristo, salvación de todos*

Direitos de publicação em língua portuguesa – Brasil.
2021, Editora Vozes Ltda.
Rua Frei Luís, 100
25689-900 Petrópolis, RJ
www.vozes.com.br
Brasil

Todos os direitos reservados. Nenhuma parte desta obra poderá ser reproduzida ou transmitida por qualquer forma e/ou quaisquer meios (eletrônico ou mecânico, incluindo fotocópia e gravação) ou arquivada em qualquer sistema ou banco de dados sem permissão escrita da editora.

CONSELHO EDITORIAL

Diretor
Gilberto Gonçalves Garcia

Editores
Aline dos Santos Carneiro
Edrian Josué Pasini
Marilac Loraine Oleniki
Welder Lancieri Marchini

Conselheiros
Francisco Morás
Ludovico Garmus
Teobaldo Heidemann
Volney J. Berkenbrock

Secretário executivo
João Batista Kreuch

Editoração: Elaine Mayworm
Diagramação: Sheilandre Desenv. Gráfico
Revisão gráfica: Alessandra Karl
Capa: Érico Lebedenco
Ilustração de capa: Sergio Ricciuto Conte

ISBN 978-85-326-6441-9 (Brasil)
ISBN 978-84-8468-207-3 (Espanha)

Editado conforme o novo acordo ortográfico.

Este livro foi composto e impresso pela Editora Vozes Ltda.

Dedico este livro à memória de Mons. Eugenio Romero Pose, falecido em 25 de março de 2007, precisamente quando se concluíam os trabalhos de publicação. Sem a sua insistência amigável esta coleção de artigos nunca teria visto a luz.

Sumário

Apresentação da edição original espanhola, 9

Prólogo, 11

1 Cristo, "perfeito ser humano" e "ser humano perfeito", 17

2 A antropologia cristã como proposta de um novo humanismo, 39

3 Salvação de Cristo e salvação do ser humano, 75

4 A encarnação de Deus e a teologia cristã das religiões, 115

5 O cristianismo e a universalidade da salvação, 143

Índice, 177

Apresentação da edição original espanhola

A Coleção *Teología Comillas*, projeto realizado pelo Serviço de Publicações da Pontifícia Universidade Comillas em colaboração com a Editora San Pablo, nasceu com o desejo e a vocação de oferecer um ótimo canal para agrupar as publicações em forma de livros dos professores da Faculdade de Teologia desta universidade. O projeto de coleção tem muito a ver com o desejo da Faculdade de entrar em um relacionamento mais aberto e fluente com o público, com os ambientes intelectuais e leitores da sociedade. Tal intenção nos compromete e nos estimula.

Queremos publicar e apresentar ao público espanhol e latino-americano livros que *afirmam o pensamento teológico*. Isso supõe monografias de qualidade, com profundo conhecimento das questões que abordam, mas sem mover-se no nível dos grandes especialistas, nas questões de detalhe, reduzindo seu público a uma minoria muito restrita. Em outras palavras, queremos livros que entrem nos problemas de hoje e de sempre da fé cristã, que tocam o pulsar profundo da vida da Igreja, das comunidades eclesiais e do cristianismo na sociedade atual; livros que auxiliem os alunos em seus estudos teológicos, livros de referência para aqueles que se interessam pelo trabalho teológico, livros que entrem no calado profundo dos debates do momento, sem espalhafatos direcionados pela moda ou o oportunismo. Na coleção, pretendemos abordar os grandes temas da fé e da teologia à altura do mundo de hoje. Livros, pois, escritos com competência e seriedade; livros, definitivamente, de autêntica teologia. Por isso, se a alta pesquisa está fora do nosso horizonte, muito mais o tratamento jornalístico, as opiniões precipitadas, o ensaio superficial, a polêmica gratuita, a simplificação e a mera divulgação. Queremos criar pensamento teológico, não apenas propagar o que outros disseram. Como Faculdade de Teologia de uma universidade da Igreja, acreditamos que nossa melhor contribuição está em abordar em nível universitário e rigoroso os temas que tratarmos. Esta é a contribuição mais própria de uma Faculdade de Teologia, de cujo trabalho mais notável queremos ser porta-vozes.

Com este projeto ousamos, com a consciência de que a Faculdade de Teologia, em sua composição atual e na que se pode prever nos próximos anos, reúne uma equipe de professores com forte potencial, para dar uma séria e significativa contribuição teológica, dentro do panorama da teologia espanhola, com projeção sobre a América Latina e prestando atenção à situação europeia, à qual pertencemos. A Coleção *Teología Comillas* visa catalisar e estimular esta equipe a sair em praça pública e, assim, dar uma contribuição significativa e valiosa nas áreas em que atua.

A coleção visa incluir todos os ramos do saber teológico. Dentro da faculdade, a cátedra de Bioética tem sua própria coleção que seguirá adiante. Os demais campos teológicos encontrarão lugar nesse projeto conjunto da Faculdade: a Teologia Dogmática, a Fundamental, a Moral, as Ciências Bíblicas, a Espiritualidade e a História da Igreja. O arco inicial de temas que se pretende abarcar é quase tão amplo quanto a própria atividade da Faculdade, sendo reflexo e projeção pública de uma parte do trabalho universitário.

Gabino Uribarri, SJ
Diretor da coleção

Prólogo

Solicitado por vozes amigas que considero inapropriado ignorar, decido, depois de hesitar um pouco, reunir neste volume alguns artigos dispersos publicados nos últimos anos (2003-2006). Os escritos aqui reunidos são, em grande parte, ocasionais. Três deles (um é o resultado da fusão de dois artigos que, embora não idênticos, desenvolviam temáticas muito parecidas) respondem originalmente a conferências proferidas em várias partes da Espanha e da Itália (Santiago de Compostela, Turim, Madri); os outros dois apareceram em obras coletivas em homenagem a colegas muito estimados. Exceto em um caso, o tema foi-me sugerido pelos editores ou organizadores dos respectivos volumes ou jornadas de estudo. Portanto, o leitor não se depara com um estudo sistemático unitário que desenvolve um tema de forma articulada do começo ao fim.

Mas, não significa que não exista certa unidade nos artigos agora reunidos. No debate atual sobre a unicidade e a universalidade da ação salvífica de Jesus Cristo, tenho sido repetidamente solicitado a abordar o tema da salvação. Por que Cristo é o salvador de todos? Por que os cristãos devem manter essa pretensão que não raramente é ininteligível e até mesmo escandalosa para muitos de nossos contemporâneos? Na realidade, tão logo refletimos sobre a soteriologia e a antropologia cristãs, percebemos que é a própria natureza da salvação que o Novo Testamento e o ensinamento da Igreja nos apresentam como a vocação e a perfeição última de todo ser humano, que não pode ser explicada sem Cristo. Em sua morte e ressurreição Ele superou o pecado e a morte e comunicou sua própria vida a nós, de tal maneira que a salvação que Ele nos oferece não pode, de forma alguma, separar-se de sua pessoa. Para explicitar esse relacionamento íntimo desde o início, se fala no título do volume de Jesus Cristo como *salvação* do ser humano e não simplesmente como seu *salvador*. Jesus não nos trouxe bens, por maiores que possamos pensá-los, que sejam alheios à sua pessoa. É Ele quem, com a sua vinda ao mundo, traz toda a novidade, segundo a bela formulação de Santo Irineu de Lyon. Com toda a sua história humana, e especialmente com a sua morte e ressurreição, faz-nos partícipes da sua própria vida, a qual Ele, como ser humano, adquire plenamente na sua ressurreição ao ser glorificado pelo Pai. A ressurreição e a glorificação de Cristo, que significam a sua perfeição quanto à natureza humana assumida, são a razão da nossa plenitude. Porque Ele morreu e ressuscitou, nós também podemos passar, com Ele e como Ele, da morte à vida. A salvação e a plenitude do ser humano são a participação na glória de Cristo, aquela que Ele possui na humanidade que Ele assumiu em sua encarnação e da qual Ele não se desprendeu e nunca se desprenderá. Para toda a eternidade o Filho de Deus existe como Deus e ser humano, como Filho eterno do Pai e como o Cabeça da humanidade.

A tradição da Igreja nos falou de uma união muito íntima entre Cristo e todos os seres humanos. O Concílio Vaticano II (*Gaudium et Spes* (GS) 22) fez eco deste ensinamento quando afirmou que o Filho de Deus, com sua encarnação, de alguma forma se uniu com todo ser humano. A partir desse pressuposto, é impensável que a vida divina da cabeça, Cristo, não seja também a de todo o corpo. A comunicação da nova vida pelo Senhor ressuscitado e a união do Filho com toda a humanidade em sua encarnação são duas faces inseparáveis da mesma moeda. Em sua infinita condescendência, o Filho único de Deus quis ser o primogênito entre muitos irmãos (cf. Rm 8,29), e assim irrevogavelmente associou nosso destino ao seu. Nele, pelo dom do Espírito Santo que nos faz um único corpo, o gênero humano adquire a união mais sólida e definitiva. Não podemos mais separar Cristo de sua Igreja, que é o seu Corpo, mas tampouco do gênero humano em sua totalidade, uma vez que o Senhor se uniu a todos e por todos morreu e ressuscitou. Cristo é o Salvador de todos, porque, como Filho encarnado, é o único que pode levar os seres humanos ao Pai (cf. Jo 14,6). O caminho e o destino final não podem ser separados. Somente o Filho, na força do seu Espírito, pode nos tornar plenamente filhos de Deus. Apenas em união com Ele, "o ser humano perfeito" (GS 22; 41), os seres humanos alcançam a plenitude. E, por outro lado, Jesus deve necessariamente nos levar ao Pai de quem Ele próprio veio, a quem Ele se sente referido em todos os momentos de sua vida, e a quem Ele retorna depois de ter realizado a obra que o próprio Pai lhe encarregou de realizar.

Jesus, o Filho, nos faz filhos de Deus nele. Só assim participamos da vida do Deus uno e trino, Pai, Filho e Espírito Santo. Essa é a única vocação divina de todo ser humano. De maneira que Deus sabe, o Espírito Santo dá a todos a possibilidade de serem associados ao mistério pascal (cf. GS 22). Os cristãos foram associados a esse mistério de morte e ressurreição no batismo. Para nenhum ser humano esta incorporação em Cristo e a sua Igreja pode ser indiferente. Mas o influxo salvífico de Jesus e de seu Espírito não conhece fronteiras. A mediação de Cristo é universal. E também Jesus, o único mediador, nunca pode ser considerado um estágio a ser superado. Somente unidos a Ele temos já neste mundo as primícias da vida de Deus e somente nele atenderemos em plenitude na consumação escatológica. A salvação em Cristo é possível para todos os seres humanos e, no horizonte da reflexão teológica, pode até aparecer a esperança de que essa salvação alcance de fato a todos. Mas a própria salvação seria desnaturalizada se sua certeza absoluta fosse afirmada e se a possibilidade de perdição fosse removida de nosso olhar. Deus nos oferece sua plenitude em um ato de amor sem limites que somente no amor pode ser aceito. Nossa livre correspondência ao amor divino é uma dimensão essencial da salvação cristã. Daí a possibilidade – tremenda – de dizer não que se abre diante de todo ser humano.

Não é alheio à questão da salvação em Cristo o problema antropológico fundamental da relação entre o ser humano e Cristo já a partir da criação. Cristo, imagem do Deus invisível, é o modelo do ser humano. Deus molda o primeiro Adão com as características que a seu tempo revestirá o segundo. Fazendo as devidas distinções, resta o fato de que, por causa do fato da criação, uma vez que tudo isso foi feito em Cristo e por Cristo, não há nenhum ser humano que seja completamente alienado dele e que não esteja tocado pela sua luz (cf. Jo 1,9). Se a salvação, sempre gratuita e imerecida, não deve ser algo extrínseco ao ser humano, Cristo não deve ser apenas a última palavra sobre o ser humano, mas também a primeira.

A salvação, em toda a sua novidade imprevisível, deve levar o ser humano à sua plenitude intrínseca. A presença de Cristo na própria definição do ser humano, a vocação inicial do ser humano para se conformar a Ele, está diretamente relacionada à mediação única e universal de Cristo. Não é em vão que o Novo Testamento nos convida a abarcar em um único olhar a mediação criadora e a salvífica (cf. Cl 1,15-20). As duas estão mutuamente implicadas. Pode nos salvar e levar à plenitude quem está na origem do que somos, e ao mesmo tempo essa origem é sempre pensada com o olhar na perfeição final do Ressuscitado.

A doutrina da imagem e semelhança divina que parte de Cristo como imagem do Deus invisível (cf. Cl 1,15; 2Cor 4,4) tem, sem dúvida, muitos pontos de contato com a universalidade da mediação salvífica. Tanto o magistério como a teologia das últimas décadas se ocuparam em diversas ocasiões com a relevância "protológica" da cristologia, tão decisiva na época patrística, que foi parcialmente esquecida durante séculos. A encarnação, morte e ressurreição de Jesus constituem o centro do desígnio divino. À luz deste centro, a criação do mundo e do ser humano deve ser entendida. E, ao mesmo tempo, deste centro e somente dele brota para os seres humanos o dom do Espírito que nos renova e que é penhor de vida eterna, primícias de nossa plenitude escatológica.

A mediação universal de Jesus e a relevância da cristologia para a doutrina da criação do ser humano[1] são os temas fundamentais que, sob vários pontos de vista e com algumas variações, são abordados nos artigos reunidos nesse volume. Na preparação da presente publicação, dois dos trabalhos anteriores, como já indicado, passaram por uma reformulação (atual capítulo 3). Respondendo em parte a preocupações idênticas, não tinha sentido apresentá-las aqui simplesmente justapostas[2]. Os outros experimentaram apenas pequenas modificações: a bibliografia foi atualizada, alguns dados foram adicionados ou outros foram excluídos ou abreviados.

Tendo que abordar questões idênticas ou similares de diferentes pontos de vista, é natural que, apesar das modificações que acabei de mencionar, as repetições ainda sejam encontradas nos trabalhos coletados. Apesar de tudo isso, decidi mantê-las, por uma razão que o leitor compreenderá facilmente: eliminá-las significaria desnaturalizar os diferentes artigos, transformando-os em simples fragmentos, ao mesmo tempo em que teria de multiplicar as referências internas. Os mesmos dados, as mesmas citações, têm diferentes funções em diferentes contextos. Nem sempre é inútil retornar ao mesmo a partir de diferentes ângulos e perspectivas.

---

1 Para o primeiro tema respondem principalmente as obras que agora aparecem em terceiro, quarto e quinto lugares. Para o segundo, aqueles que parecem em primeiro e segundo lugares. A ordem é simplesmente cronológica.

2 Quero agradecer a Angel Cordovilla por seu trabalho paciente na fusão desses dois trabalhos prévios.

Cada artigo, com a exceção já observada, mantém sua própria configuração e, integrado no conjunto, pode ser completado ou iluminado com o que é dito nos outros ensaios.

Espero que a tentativa de tornar esses artigos mais acessíveis para muitos leitores não seja completamente inútil, o que poderia ser muito difícil de localizar, se não praticamente impossível. Minha gratidão para com aqueles que tornaram este projeto possível.

1

Cristo, "perfeito ser humano" e "ser humano perfeito"[3]

1.1 A perfeição da humanidade de Jesus nos concílios antigos

O dogma cristológico da Igreja, com suas raízes profundas no Novo Testamento, afirmou a plena humanidade de Jesus, não apenas abstratamente, mas também na completa solidariedade conosco. O Concílio de Calcedônia afirma em sua conhecida fórmula que o único e mesmo Senhor nosso Jesus Cristo é "perfeito em divindade e perfeito em humanidade; verdadeiramente Deus e verdadeiramente homem [...]; consubstancial com o Pai segundo a divindade, e consubstancial conosco segundo a humanidade, em tudo semelhante a nós, exceto no pecado (cf. Hb 4,15); engendrado do Pai antes dos séculos segundo a divindade, e nos últimos dias, por nós e por nossa salvação, engendrado da Virgem Maria, a mãe de Deus, segundo a humanidade"[4]. Ponto de referência não é somente a perfeição da humanidade, enquanto o Filho assumiu a humanidade completa,

---

3 Publicado em BENAVENT VIDAL, E. & MORALI, I. (eds.). *Sentire cum Ecclesia –* Homenaje al P. Karl Josef Becher SJ. Valencia/Roma, 2003, p. 171-185.

4 DH 301. Como se sabe, uma grande parte desse texto e, concretamente, a dupla consubstancialidade com o Pai e conosco, encontra sua raiz na chamada "fórmula da união" entre Cirilo de Alexandria e os bispos da Igreja de Antioquia do ano 433 (DH 271-273).

isto é, um corpo e uma alma racional[5], mas a concretização da consubstancialidade "conosco", com os seres humanos concretos existentes, cuja condição compartilha completamente com a exceção do pecado[6]. Em todo caso, fica evidente que, na aproximação ao mistério da humanidade de Cristo, o ponto imediato de referência é nossa condição concreta. O Novo Testamento em seu conjunto, o pressupõe, em algumas passagens a ideia é afirmada com especial nitidez (Gl 4,4: "nascido de mulher, nascido sob a lei"; Rm 8,3: "Deus enviou o seu Filho ao mundo em uma carne semelhante à do pecado"). Jesus nos salva compartilhando a realidade de nossa vida. Não apenas a natureza humana abstratamente, mas nossa situação real; dela nos salva Jesus concretamente levando sobre si nosso pecado, Ele que não conheceu o pecado (cf. 2Cor 5,21; Gl 3,13; 1Pd 2,21-22). Este último aspecto, como veremos, tem especial significado.

A afirmação da perfeição da humanidade de Cristo supõe que sabemos, pelo menos inicialmente, o que significa ser humano. Também pressupõe a convicção de que o pecado não faz parte desta perfeição, mas, pelo contrário, é o principal atentado contra ela. O fato de que se diga que o Filho assumiu a "natureza humana" expressa todo o "realismo de solidariedade"[7], o que Ele demonstra ao compartilhar nossa condição para nos libertar do pecado e nos comunicar a vida divina. A perfeição da humanidade que se prega de Cristo, e que a princípio significa que é um ser humano completo e não apenas em parte, isto é, que assumiu um corpo e uma alma

---

5 GREGÓRIO NAZIANZENO. *Ep.*, 101, I 32 (SCh 208,50): "O que não foi assumido não foi redimido; o que se uniu com Deus está salvo", fórmula clássica de um princípio que se repete em diversas formas. O acento da integridade da natureza humana de Jesus tem uma evidente preocupação soteriológica.

6 O concílio alude a Hb 4,15, embora não o cite literalmente; diz: "em tudo semelhante a nós, exceto no pecado"; o texto de Hebreus diz "provado em tudo igual a nós, exceto no pecado".

7 BORDONI, M. *Gesù di Nazaret Signore e Cristo* – 3: II Cristo annunziato dalla Chiesa. Roma, 1986, p. 844.

racional, adquire de modo implícito, na mesma fórmula, um sentido mais pleno e mais radical. A humanidade de Jesus não é somente completa no sentido de que não lhe falta nada, contra toda redução apolinarista ou monofisista, mas que ao mesmo tempo, ainda que de maneira implícita, se insinua uma perfeição que consiste em um crescimento da humanidade paralelo ao despojamento e à *kénosis* do Filho de Deus[8]. A evolução posterior contribuirá para precisar ainda mais os conteúdos e o alcance da perfeição da humanidade de Cristo, que está livre da mancha do pecado que afeta a toda a humanidade.

Isto ocorrerá concretamente nos concílios II e III de Constantinopla. No primeiro (ano 553), será especificado que a unidade de sujeito em Cristo, isto é, o fato de que sua única pessoa é a do Verbo, não significa que a humanidade assumida não tenha relevância para a pessoa do Verbo. A união hipostática é interpretada como uma união "segundo a composição"[9], de tal maneira que se poderá dizer que, depois da encarnação, a pessoa única do Filho se faz uma "pessoa composta"[10]. O sujeito de todas as ações, o Verbo, não atua sem a presença da natureza humana da qual se apropriou, isto é, que fez sua de modo definitivo[11]. Depois da encarnação, a pessoa do Verbo não existe senão nesta "composição" com a natureza humana assumida

---

8 LEÃO MAGNO. *Tomus ad Flavianum* (DH 293): "Adsumpsit formam servi sine sor de peccati, humana augens, divina non minuens". A ideia da exaltação da humanidade pela encarnação do Filho está presente, portanto, no contexto histórico de Calcedônia.

9 DH 424-425: "[...] a união de Deus Verbo com a carne animada da alma racional e inteligente se fez segundo composição ou segundo hipóstases, segundo os Santos Padres [...]. A Santa Igreja de Deus, rechaçando a impiedade de uma e outra heresia [de Apolinário e Eutiques], confessa a união de Deus Verbo com a carne por meio de composição; isto é, entre hipóstases. Porque a união segundo a composição no mistério de Cristo não somente guarda inconfundidos os elementos que se juntam, mas tampouco admite a divisão". É evidente a presença da linguagem da fórmula do Concílio de Calcedônia.

10 Cf. TOMÁS DE AQUINO. *STh* III 2,4.

11 O papa São Leão Magno, antes e depois de Calcedônia, já havia indicado; cf. DH 294; 318.

para nossa salvação. E essa natureza é completa, perfeita, por ser a natureza humana do Filho.

E, ainda, com mais nitidez insistiu na perfeição da natureza humana do Filho o terceiro Concílio de Constantinopla (ano 680-681), também neste caso com uma nítida preocupação soteriológica de fundo. Com efeito, com a insistência na perfeição da humanidade que inclui a vontade humana[12], aprofunda de maneira nova o que significa a ausência de pecado em Cristo: a vontade do Filho é idêntica à do Pai, segundo o conhecido princípio de que existe uma única vontade na santíssima Trindade[13]. Por sua vez, em sua vontade humana, distinta da divina, embora em perfeita submissão a ela em todos os momentos, Jesus é obediente ao Pai; assim alcança todo o seu significado o "exceto no pecado" da fórmula de Calcedônia, e toda a sua relevância a perfeição da humanidade de Cristo: "A humanidade de Jesus é a expressão encarnacional, expressão no tempo de sua filiação eterna. Por isso tem toda a plenitude que a finitude, a individualidade e a temporalidade permitem. Contudo, por ser a humanidade de Deus é a mais plenamente humana e sua liberdade é a mais perfeita: aquela que pode ser soberana sobre si e diante de Deus: por isso é sem pecado"[14]. A vontade humana de Jesus, ao mesmo tempo em que põe em relevo a perfeição de sua humanidade, nos mostra a profundidade de sua condição filial ao existir na perfeita submissão ao Pai. O cumprimento dos desígnios de Deus é a perfeição da criatura, que existe e pode existir somente em referência ao Criador. A liberdade de Cristo enquanto ser humano,

---

12 DH 556: "E pregamos igualmente nele duas vontades naturais ou quereres e duas operações naturais [...]. E duas vontades não contrárias [...] mas que sua vontade humana segue a sua vontade divina e onipotente, sem opor-se nem combatê-la; antes, inteiramente submetida a ela [...]. Porque à maneira que sua carne se diz e é carne de Deus Verbo, assim a vontade natural de sua carne se diz e é própria de Deus Verbo [...]. Porque à maneira que sua carne animada santíssima e imaculada, não ficou suprimida por estar divinizada, mas permaneceu em seu próprio termo e razão; assim, tampouco sua vontade ficou suprimida por estar divinizada".

13 Cf. DH 172; 501; 542; 544; 545; 546; 572; 680; 851.

14 GONZÁLES DE CARDEAL, O. *Cristología*. Madri, 2001, p. 269.

sustentada pela pessoa do Filho, é a mais plena que se pode pensar, mais ainda, é muito mais plena do que se pode imaginar. Por um lado, a vontade humana de Jesus se orienta em tudo a do Filho, por outro lado, este expressa e assume a vontade humana de Cristo como própria. Também enquanto ser humano, Cristo se entrega livremente ao Pai e assim pode operar nossa salvação. Deste modo, pode interceder a nosso favor (cf. Rm 8,34; Hb 7,23; 9,24; 1Jo 2,1) e também pode ocupar diante do Pai nosso lugar. Há um único mediado entre Deus e o ser humano, o ser humano Cristo Jesus (cf. 1Tm 2,5).

Deve-se colocar necessariamente em relação à perfeição da humanidade de Cristo, sua solidariedade conosco, sua ausência de pecado e a existência de sua vontade humana em perfeita submissão à divina. A humanidade é perfeita enquanto é completa, mas, é ainda mais porque, sendo sem pecado, Jesus, enquanto ser humano, pode se entregar plenamente ao Pai por nós. E isso é assim em último termo porque a criatura não desaparece nem diminui na maior proximidade do Criador, mas, precisamente em virtude desta, adquire sua maior perfeição. Se a união hipostática é a maior união que absolutamente pode existir entre Deus e o ser humano, em Jesus e não em outro lugar deve-se buscar a perfeição da humanidade, não apesar, mas em virtude de sua divindade[15]. Por isso, "devemos conceber a relação da pessoa do Logos com sua natureza humana de maneira tal que nela autonomia e proximidade radical atingem, em igual medida, o grau supremo único e incomensurável qualitativamente com outros casos, embora sempre dentro do âmbito criador-criatura"[16]. Essas

---

15 É obrigatória nesse contexto a referência ao conhecido artigo de Karl Rahner ("Problemas actuales de cristologia". In: *Escritos de Teología* I. Madri, 1963, p. 169-222), que tanta influência teve nos estudos cristológicos dos últimos anos. Lá a tese fundamental é anunciada à p. 183: "A dependência radical de Deus não cresce em proporção inversa, mas direta, com a verdadeira autonomia diante dele".

16 Ibid., p. 183. Cf. ibid., p. 185: "O movimento da criação apareceria gravitando de antemão para esse ponto no qual Deus alcança simultaneamente a suprema proximidade e distância diante do distinto dele – o criado".

reflexões foram realizadas, como sabemos, no âmbito de um estudo sobre o Concílio de Calcedônia. Este se limitou a apontar explicitamente que a humanidade de Cristo é completa, como havia feito o Concílio de Éfeso. Mas os desenvolvimentos dogmáticos posteriores da Igreja antiga ajudam a mostrar nitidamente como a dinâmica do quarto concílio ecumênico iniciado leva em si mesma o germe das verdades que posteriormente se explicitou. Concretamente, a explícita menção da ausência de pecado aponta para algo mais que a uma humanidade completa. O dogma cristológico refletiu a partir daí sobre a impecabilidade de Cristo, sobre sua perfeita liberdade, sobre sua plena resposta, também enquanto ser humano, a Deus, em virtude da qual pode nos libertar de nossa desobediência e de nosso pecado. Jesus não somente não pecou de fato, mas não podia pecar dada sua condição filial, seu ser em referência total ao Pai. Ele não se tornou irrepreensível em virtude de um esforço moral[17]. No fato de não poder pecar se acha a perfeição da liberdade, não seu limite[18]. E embora Jesus não tenha uma liberdade humana distinta da divina, isto não quer dizer que esta não seja autenticamente humana; já que a liberdade do Filho se exerce no modo próprio da liberdade humana, no tempo e na história[19]. A perfeição da natureza humana não se reduz, portanto, ao fato de que seja completa. Temos que ter

---

17 Cf. DH 434.

18 Cf. GONZÁLEZ DE CARDEDAL, O. Cristología. Op. cit., p. 477, com citação de Santo Tomas: STh I, 62, 8.

19 KASPER, W. Jesus el Cristo. Salamanca, 1978, p. 292: "Somente Deus pode ser pensado de modo tão "supraessencial" e "soberanamente livre" que faça livre, em sua peculiaridade mais íntima, o que é, precisamente, distinto de si ao uni-lo consigo de modo total". Cf. BORDINO, M. Gesu di Nazaret, Signore e Cristo – 3: Il Cristo annunciato dalla Chiesa. Roma, 1986, p. 856. • SESBOUE, B. Jesus-Christ dans la tradition de l'Eglise. Paris, 1982: 177, sobre a distinção entre a vontade e a liberdade. A primeira se coloca do lado da natureza e, por isso, devemos falar de duas vontades. A segunda do lado da pessoa e, por isso, uma única é a liberdade. Não se pode falar da pessoa humana ao lado da divina; e por isso, tampouco da liberdade. Mas, a liberdade divina se humanizou em Jesus, que colocou sua única liberdade pessoal em uma natureza humana e a exerceu humanamente.

presente, neste contexto, o fato de que em sua vida de perfeita obediência filial ao Pai, consumada na paixão e na morte, Jesus alcançou a "perfeição", graças à qual é causa de salvação eterna para os que lhe obedecem (cf. Hb 5,8-9).

Se, de fato, não podemos pensar na encarnação do Filho se não for a partir de nossa condição humana que Ele compartilha plenamente, não há dúvida de que em um segundo momento a reflexão cristã insinuou umas perspectivas que não ficam neste estágio de reflexão. Esta foi a experiência daqueles que se encontraram com Jesus durante o tempo de sua vida mortal (cf. Mc 1,22.27; 2,12; 7,37; 12,17 etc.). Segui-lo em seu modo concreto de viver é encontrar a vida. São Paulo falou de Cristo como do último e segundo Adão (cf. 1Cor 15,45-47), isto é, a definitiva imagem do ser humano; em Cristo é criado dos judeus e dos gentios um único "ser humano novo" (cf. Ef 2,15). Cristo se converte assim no protótipo da humanidade que Ele salvou e redimiu. Ele compartilhou a nossa condição e nos salvou porque morreu e ressuscitou dentre os mortos e nos faz partícipes de sua vida. É inevitável, portanto, a consideração de que, se por um lado, Ele foi humano como nós, uma vez que em sua vida cumpriu a vontade do Pai, morreu e ressuscitou, aparece nítido que o destino do ser humano é chegar a ser como Cristo. Se, em um primeiro momento, a condição humana é o ponto de referência necessário para compreender o que significa a encarnação do Filho de Deus, e, portanto, se vai de Adão a Cristo, em um segundo instante se descobre que Jesus é o modelo segundo o qual o ser humano deve se configurar; passa-se então de Cristo a Adão, "que é figura daquele havia de vir" (Rm 5,14)[20]. Os antigos concílios não desenvolveram estas ideias entre outras coisas, porque não explicitaram a questão soteriológica subjacente aos problemas da constituição de Cristo.

---

20 Embora há de se ter presente que neste contexto Paulo se refere sobretudo à redenção e à libertação do pecado que sobre todos pesa como consequência do pecado de Adão, não considera diretamente a configuração do ser humano com Cristo.

Mas, na vigília do Concílio de Calcedônia, São Leão Magno indicou que o Filho de Deus ao assumir a forma de servo elevou o humano (*humana augens*) sem diminuir o divino[21], de tal maneira que indiretamente deixa-se entender que a natureza humana alcança em Jesus uma perfeição nova e única[22]. A ausência de pecado em Jesus não parece alheia a essa excelência de sua humanidade[23].

1.2 O Concílio Vaticano II

A perfeição da humanidade de Cristo que os antigos concílios sublinharam, contém já no contexto dos antigos escritores à ideia de que não é somente o caráter completo da natureza o que se põe em jogo, mas também o caráter paradigmático da humanidade de Jesus como consequência da dignidade que lhe outorga o ser da humanidade do Filho e a perfeição moral que o acompanha. Nesse sentido podemos pensar em uma profunda continuidade, mesmo com a novidade que indubitavelmente se apresenta, entre as antigas definições e o Concílio Vaticano II, que falou explicitamente de Cristo não somente como perfeito ser humano, mas também como o ser humano perfeito: "Cristo, o último Adão, na mesma revelação do mistério do Pai e de seu amor, manifesta plenamente o ser humano ao próprio ser humano, e revela a ele a grandeza de sua vocação [...]. Ele que é "imagem de Deus invisível" (Cl 1,15) é o ser humano perfeito que restituiu os filhos de Adão a semelhança divina, deformada desde o primeiro pecado. Nele a natureza humana foi assumida, não absorvida; por isso mesmo, ela foi elevada também em nós a uma dignidade sublime. Porque, Ele mesmo, o Filho de Deus, com sua encarnação se uniu, de certo modo,

---

21 Cf. nota 8.

22 Cf. tb. de São Leão Magno: *Licet per nostros* (DH 297): "nec damnum sui recipiens nec augmentum et sic adsumptam naturam beatificans, ut glorificata in glorificante permaneat".

23 Ibid. (DH 299): "Nec alio illi quam ceteris hominibus anima est inspirata principio, quae excelleret non diversitate generis sed sublimitate virtutis".

com todo ser humano" (GS 22). Não entraremos em uma análise detalhada deste texto[24]. Aqui nos limitaremos a comentar alguns aspectos interessantes para nosso propósito.

Em primeiro lugar, parece nítido que o Vaticano II assume uma perspectiva distinta a dos antigos documentos eclesiais. Pressupõe-se, certamente, um certo conhecimento do que é o ser humano antes de abordar o estudo de Cristo como "novo ser humano", como reza o título deste número da Constituição Pastoral. Mas, aqui se explica diretamente a segunda parte do processo. Uma vez conhecido Cristo e sua vida concreta fica nítido que "o mistério do ser humano somente se esclarece no mistério do Verbo encarnado. Pois Adão, o primeiro ser humano, era figura do que havia de vir"[25]. Parece insinuar-se, consequentemente, que a perfeição do ser humano Jesus não se situa somente no plano escatológico, mas também no protológico: Ele constitui o modelo cujo seguimento e conformação os seres humanos alcançam a plenitude porque desde o princípio é o modelo cuja imagem o ser humano foi criado desde o primeiro instante. Se a primeira parte desta afirmação esteve sempre presente na consciência da Igreja, não se pode dizer que ocorreu o mesmo com a segunda, bem documentada, não obstante, no pensamento dos primeiros séculos cristãos: Cristo que ia se encarnar é o modelo

---

24 Cf. LADARIA, L.F. El hombre a la luz de Cristo en el Concilio Vaticano II. In: LATOURELLE, R. (ed.). *Vaticano II*: balance y perspectivas. Salamanca, 1989, p. 705-714. • GERTLER, T. *Jesus Christus* – Die Antwort der Kirche auf die Frage mach dem Menschsein: Eine Untersuchung zu Funktion und Inhalt der Christologie im ersten Tiel der Pastoralkonstitution "Gaudium et Spes" des Zweiten Vatikanischen Konzil. Leipzig, 1986.

25 GS 22; estas palavras constituem o começo deste número. O texto faz referência a Rm 5,14, que citamos um pouco antes. Apontávamos o fato de que esta passagem paulina se situa em um contexto no qual se fala da libertação do pecado. Mas, o Concílio parece usá-lo em um sentido mais amplo, como dá a entender a citação de Tertuliano (*De carnis resurrectione (de resurrectione mortuorum)* 6: "Quod cumque enim limus exprimebatur, Christus cogitabatur homo futurus".

a partir do qual o Pai pensou o ser humano e o modelou de barro da terra ainda virgem no paraíso terrenal[26].

A partir desta concepção, que certamente no Vaticano II achamos apenas insinuada, adquirem conotações muito nítidas a "perfeição" da humanidade de Jesus afirmada no Concílio e as consequências antropológicas que dela derivam. Cristo é o modelo a partir do qual o ser humano foi criado; este fato não pode ser separado da vocação do ser humano em conformar-se com Cristo, mais constitui seu pressuposto[27]; a reprodução da imagem de Cristo pode ser

---

26 O texto de Tertuliano citado em GS 22 e ao qual acabamos de nos referir prossegue da seguinte maneira (CCL 2,928): "Id utique quod finxit, ad imaginem Dei fecit illum, scilicet Christi [...]. Ita limus ille, iam tunc imaginem induens Christi futuri in carne, non tantum Dei opus erat, sed et pignus". • Ibid. *Adv. Prax.* XII 3-4 (CCL 2,1173): "Cum quibus enim faciebat hominem et quibus faciebat similem, Filio quidem qui erat induiturus hominem, Spiritui vero qui erat sanctifi caturus hominem [...]. Erat autem ad cuius imaginem faciebat, ad Filii scilicet, qui homo futurus certior et verior, imaginem suam dici hominem qui tunc de limo formari habebat, imago veri et similitude". • Cf. Ibid. *Adv. Marc.* V 8,1 (CCL 1,685). • IRINEU DE LIÃO. *Demonstr.* 22 (FP 2,106): "E a imagem de Deus é o Filho a cuja imagem foi feito o ser humano. Eis aqui por que nos últimos tempos se manifestou para dar a entender que a imagem era semelhante a si". • Ibid., 32 (123): "Desta terra, pois, todavia virgem, Deus tomou o barro e plasmou o ser humano, princípio do gênero humano. Para dar, pois, cumprimento a este ser humano, assumiu o Senhor a mesma disposição de corporeidade dele, que nasceu de uma virgem pela vontade e sabedoria de Deus, para Ele também manifestar a identidade de sua corporeidade com a de Adão, e para que se cumprisse o que no princípio se escreveu: o ser humano à imagem e semelhança de Deus". Cf. tb. ibid. *Adv. Haer.* III 21,10; 22,3 (SCh 211,428-430; 438); V 16,2 (SCh 153,216). • Esta ideia cristológica de *imago,* embora em coexistência com outras concepções, manteve-se viva no Ocidente, ainda durante os séculos IV e V. Cf., p. ex., HILÁRIO DE POITIERS. *Myst.,* I 2 (SCh 18bis, 76). • PEDRO CRISÓLOGO. *Ser.,* 117,1-2 (CCL 24A, 709). • GREGÓRIO DE ELVIRA. *Trac. Orig.,* XIV 25 (FP 9, 344): XVI 22 (374). • AURÉLIO PRUDÊNCIO. *Apoteosis, v.* 309 e 1.040 (*Obras completas.* Madri: BAC, 1981, p. 200, 240). Referências sobre o tema na teologia oriental se encontram em GROSSI, V. *Lineamenta di antropología patrística.* Roma, 1983, p. 61-62. Cf., para este tema: LADARIA, L.F. El hombre creado a imagen de Dios. In: SESBOUE, B. (dir.). *El hombre y su salvación.* Salamanca, 1996, p. 75-115, esp. p. 78-82 [*Historia de los dogmas,* 2].

27 GS 22, depois da passagem que citamos no texto: "O ser humano cristão, conformado com a imagem do Filho, que é o Primogênito entre muitos irmãos (cf. Rm 8,29; Cl 1,18), recebe as 'primícias do Espírito' (Rm 8,23) que o capacitam a cumprir a nova lei do amor [...]. Associado ao mistério pascal, configurado com

a perfeição intrínseca do ser humano porque este desde sempre foi pensado por Deus para alcançar a perfeita semelhança com seu Filho. Não há outra vocação última para nenhum ser humano se não é o próprio Deus[28]. Por isso, o seguimento de Cristo equivale à perfeição no próprio ser do ser humano, como indica o próprio concílio Vaticano II[29]. A única vocação divina do ser humano adquire uma nítida conotação cristológica.

A natureza humana foi em Cristo assumida e não absorvida. O ensinamento do Vaticano II apoia-se sobre numerosos textos da tradição aos quais já fizemos referência[30]. Mas, a afirmação conciliar vai muito além. Não somente a natureza humana de Cristo não fica anulada ou absorvida pela divindade, mas esta natureza foi elevada a uma sublime dignidade "também em nós". O texto pressupõe que essa sublime dignidade corresponde primariamente à humanidade de Jesus. Mas, entre Jesus e nós há uma relação intrínseca. A união hipostática é um feito único e irrepetível, mas o Filho de Deus, com sua encarnação, se uniu "de certo modo (*quodam modo*) a todo ser humano". A pretensa imprecisão da formulação não significa que se minimize a realidade profunda que se quer expressar[31]; simplesmente

---

a morte de Cristo, fortalecido pela esperança, chegará à ressurreição. Isso vale não apenas para os cristãos, mas também para todos os seres humanos de boa vontade em cujo coração atua a graça de modo invisível. Cristo morreu por todos, e a vocação última do ser humano é uma só, a divina. Em consequência, devemos considerar que o Espírito Santo, de um modo conhecido por Deus, oferece a todos a possibilidade de ser associados ao mistério pascal".

28 GS 24: "Todos [...] são chamados a um único e idêntico fim, isto é, Deus mesmo"; cf. GS 22, texto citado na nota anterior.

29 GS 22: "Aquele que segue a Cristo, ser humano perfeito (*homo perfectus*), faz-se ele mesmo mais ser humano". Em outros lugares de DS usa-se a fórmula tradicional *perfectus homo*; cf. GS 38; 45.

30 Concretamente são citados os concílios II e III de Constantinopla e o Concílio de Calcedônia; cf. n. 3 e 4 de GS 22.

31 Não é este o lugar de entrar no problema da inclusão da humanidade de Cristo. Além de GS 22, encontram-se alusões à união de todos os seres humanos em Cristo nos n. 24 e 32. O tema foi abundantemente desenvolvido na época patrística, também em conexão com o motivo da Igreja corpo de Cristo. Um tratamento

se quer colocar em relevo a diferença com a união hipostática, única e irrepetível. A elevação da natureza humana, que tem lugar pelo fato de que o Filho de Deus a assumiu, tem consequências para toda a humanidade. Esta é outra dimensão da perfeição da humanidade de Cristo, que tem indubitavelmente repercussão soteriológica. Embora não se explicite sempre, a dimensão soteriológica está sempre presente no dogma cristológico. Se nos primeiros séculos da Igreja a integridade da natureza humana de Jesus assegurava a salvação do ser humano inteiro em todas as suas dimensões, a perfeição da humanidade de Jesus com as dimensões que agora se põe em relevo permite indicar que na configuração com Cristo – que Ele mesmo faz possível ao comparti-lhar nossa condição – está a perfeição do ser humano. A humanidade fica enaltecida com a assunção da mesma por parte do Filho de Deus. Parece que ressoa no Vaticano II, com uma referência mais explícita a todos os seres humanos, a expressão de São Leão Magno, *humana augens* à qual nos referimos[32]. Se um primeiro movimento leva de Adão à Cristo, para entender o que Cristo é, rapidamente, à luz da fé, foi necessário o movimento contrário para entender a profundidade do ser humano. Santo Inácio de Antioquia pensava que seria um ser humano quando tivesse alcançado o martírio, que lhe configuraria com Cristo, a luz pura de Deus[33]. De Adão a Cristo e de Cristo a Adão, dois movimentos relacionados, que se implicam mutuamente. Se em um primeiro instante é o primeiro que predomina, depois é o segundo que, sem anular o anterior, adquire a primazia. Hans Urs von Balthasar sinalizou agudamente esta prioridade recíproca de Cristo

---

sucinto com informação suficiente é encontrado em CARDEDAL, O.G. *Cristología*. Madri: Bac, 2001, p. 525-528.

32 Cf. n. 6 e 19. Cf. tb. COMISSÃO TEOLÓGICA INTERNACIONAL. Teologia; Cristologia; Antropologia I e 4. In: POZO, C. (ed.). *Documentos*, 1979-1996. Madri, 1998, p. 254: "Quanto mais profundamente desce Jesus Cristo na participação da miséria humana, tanto mais alto se eleva o ser humano na participação da vida divina".

33 *Aos romanos*, VI 2-3 (FP 1, 157): "Deixa-me alcançar a luz pura. Quando isso acontecer, serei um homem. Permite-me ser imitador da paixão de meu Deus".

e Adão: "em Cristo se refletem mutuamente Deus e o ser humano no infinito. Porque em um sentido Ele é o resultado do encontro de ambas as naturezas, mas em outro sentido Ele próprio, como pessoa divina, determina a relação e a distância entre Deus e o ser humano. Como redentor Ele está depois do pecado, mas como imagem e cabeça da criação está antes dele"[34].

1.3 Cristologia e antropologia: algumas reflexões

Cristo é o primeiro como modelo da criação, a sua imagem o ser humano foi criado, nele fomos predestinados antes da criação do mundo (cf. Ef 1,3-10). Somos chamados a configurar-nos com Ele e não há outro destino humano além deste (cf. Rm 8,29; 1Cor 15,49). Se Cristo é a perfeição do ser humano, a salvação nele é a única plenitude do ser humano. Deus nos criou pensando nele, e neste sentido Ele deve receber a primazia em tudo. A partir do *homo perfectus* podemos chegar a entender o que somos. O mistério do ser humano somente se elucida no mistério do Verbo encarnado. Quando Deus modelava o primeiro Adão tinha em sua mente o segundo. Nesse sentido temos um movimento evidente de Cristo a Adão. Mas, ao mesmo tempo, devemos levar em consideração a prioridade cronológica do primeiro Adão e o fato de que é impossível que, desde nossa condição, cheguemos ao ser humano perfeito sem a intervenção direta de Deus na encarnação de seu Filho. Estamos diante de uma novidade radical. Podemos contemplar com nossos olhos a perfeição da humanidade somente porque apareceu Jesus que compartilha nossa condição inteiramente como enviado por Deus

---

34 *Das Weizenkorn* – Aphorismas. 3. ed. Einsiedeln, 1989, p. 60. Apud CORDO-VILLA, A. *Gramática de la encarnación* – La creación en Cristo en la teología de K. Rahner y Hans Urs von Balthasar. Madri, 2004, p. 243. Cf. tb. BALTHASAR, H.U. *Teodramática* – 4: La acción. Madri, 1995, p. 448: "O primeiro Adão, por si mesmo, não é capaz de chegar à plenitude; o que tem de fazer é morrer para si mesmo para ser elevado e integrado no segundo. Isto se torna possível graças ao segundo Adão que, sendo seu fim, é também seu princípio".

em uma carne semelhante à do pecado (cf. Rm 8,3). Graças a sua participação em nossa condição pode resgatar-nos dela. No modo concreto da aparição na terra do Filho de Deus tem sua parte o pecado humano. A obediência de Cristo teve que seguir, inversamente, os passos da desobediência de Adão. O caminho do primeiro Adão ao segundo não se coloca somente sob o signo da continuidade, mas também sob o da ruptura. Demonstra isso o mistério da cruz de Cristo, do qual brotou a nova vida da humanidade. Os dois aspectos devem ser tomados em consideração ao mesmo tempo para fazer justiça aos dados do Novo Testamento e da tradição da Igreja. Podemos tentar uma breve síntese ou sistematização destes diversos aspectos.

1) Em primeiro lugar, é necessário insistir na unidade do desígnio de Deus que abraça a criação e a salvação do ser humano realizada pelo Filho feito ser humano. A criação em Cristo, e não somente no Filho, é uma verdade fundamental do cristianismo que a teologia recente revalorizou. Não será necessário nos determos muito nas considerações de Karl Rahner, que se referiu à possibilidade da encarnação como a condição de possibilidade da criação, já que a possibilidade divina de criar pelo fato de assumir, de fazer completamente sua a realidade criatural, é a que fundamenta a possibilidade de expressar-se na criação; esta, e particularmente a criação do ser humano, constitui a "gramática" de sua revelação e plena autoexpressão na encarnação do Filho[35]. Na realidade, é a mesma consciência da consumação de

---

35 Cf. RAHNER, K. Para la teología de la encarnación. In: *Escritos de Teología*, IV. Madri, 1964, p. 139-157, esp. p. 151-152. Cf. ibid, p. 153: O ser humano é o que surge quando Deus quer ser não deus. • *Grundkurs des Glaubens*. Friburgo/Basileia/ Viena, 1976, p. 220-225. • H.U. von Balthasar se refere à gramática da criação em *Theologik II – Wahrheit Gottes*. Einsedeln, 1985, p. 73: "O ser humano natural sabe que ele é ética e razão prática, e o ser humano do Antigo Testamento sabe também o que deveria ser a justa relação com o Deus vivente. Nessa gramática, Jesus pode gravar a Palavra de Deus". • Ibid., p. 76: "Deus criou a criatura a sua imagem e semelhança para que ela, mediante sua graça, possa ser capaz, a partir de dentro, de servi-lo de caixa de ressonância mediante a qual possa expressar-se e dar-se

tudo em Cristo que leva, necessariamente, a considerar o problema da criação de tudo nele, se não queremos que a salvação venha para o ser humano a partir de fora; é o que inevitavelmente ocorreria se a consumação escatológica em Cristo não fosse acompanhada de uma protologia correspondente:

> Como última consequência surge também a função mediadora na criação, não somente do Logos, mas de Cristo. Isto quer dizer que todas as coisas só puderam ter sido feitas em referência à sua consumação no segundo Adão, o que somente se torna perceptível no ser e na consciência do Filho que leva à consumação sua missão. Mais uma vez, a este, enquanto ator da consumação, não se pôde colocar neste papel outra instância além do Criador; caso contrário, não poderia executá-lo *a partir de dentro*, mas teria que colocar seu selo final *a partir de fora* sobre as coisas que teriam sido criadas com outra origem distinta[36].

O que aqui se diz em termos gerais da criação encontra uma aplicação especial para o ser humano. A antropologia chega somente à sua forma plena na cristologia; por esta razão deverá tomar dela

---

a entender"; "[...] a lógica divina pode e quer se expressar na humana por causa de uma *analogia linguae* e finalmente – apesar de todas as objeções – também entes, como esta se aperfeiçoa em Cristo, Deus e ser humano em uma pessoa".

36 BALTHASAR, H.U. *Teodramática – 3: Las personas del drama; el hombre en Cristo*. Madri, 1993, p. 237-238. Cf. tb. *Zuseinem Werk*. Einsiedeln, 2000, p. 24. O "a Cristo" da criação requer uma protologia correspondente. • PANNENBERG, W. *Teología Sistemática*, II. Madri, 1996, p. 25: "afirmação da mediação do Filho na criação deve ser entendida, aqui [Hb 1,1; Cl 1,16.20; Ef 1,10], no sentido *final*. Quer dizer que somente em Jesus Cristo se consumará a criação do mundo. Mas, por mais correto que seja esse ponto de vista, a mediação criadora do Filho não pode se limitar a esse aspecto. O ordenamento final das criaturas à manifestação de Jesus Cristo supõe que as criaturas têm no Filho a origem de seu ser e existir. De outro modo, a recapitulação final de todas as coisas no Filho (Ef 1,10) seria exterior às coisas mesmas, o que suporia que não seria a consumação definitiva do autêntico ser das realidades criadas". Pannenberg aplica esse princípio especificamente ao ser humano em (ibid., p. 245-247: "A intenção do *Criador* não pode se situar de um modo tão ineficaz e extrínseco em relação a sua criatura".

sua própria forma desde o princípio[37]. O primeiro Adão recebe seu sentido do segundo. Para os cristãos somente à luz de Cristo temos o verdadeiro sentido do ser humano. Não podemos supor uma ideia acabada do ser humano e de seu destino previa a Jesus.

2) Esta unidade do desígnio divino que abraça criação e encarnação, a partir da qual devemos dizer que a segunda é o sentido último da primeira, não pode nos fazer esquecer a novidade radical do evento Cristo. Já nos encontramos com esta ideia. Cristo é absolutamente indeduzível a partir do ser humano criado à sua imagem e chamado à semelhança e à conformação com Ele. Esta novidade se articula em diferentes aspectos:

a) Em primeiro lugar, essa novidade significa que somente em Cristo se revela o desígnio de Deus, que estava oculto desde a criação do mundo: "Mistério que em gerações passadas não foi dado a conhecer aos seres humanos, como foi revelado agora aos santos apóstolos e profetas pelo Espírito [...]. A mim, o menor de todos os santos, me foi concedida esta graça: a de anunciar aos gentios a inescrutável riqueza de Cristo, e elucidar como se dispensou o Mistério escondido desde sempre em Deus, Criador de todas as coisas" (Ef 3,8-9, em relação com Ef 1,3-10); e também: "Àquele que pode consolidá-los conforme o meu Evangelho e a pregação de Jesus Cristo, revelação de um mistério mantido em segredo durante séculos eternos, mas manifestado no presente, pelas Escrituras que o predizem [...]" (Rm 16,25-26); "[...] para dar cumprimento à Palavra de Deus, ao mistério escondido por séculos e gerações e manifestado agora a seus santos"[38]. A unicidade do

---

37 BALTHASAR, H.U. *Teodramática – 2*: Las personas del drama; el hombre en Dios. Madri, 1992, p. 187. É conhecida a frequente afirmação de K. Rahner segundo a qual a cristologia é o princípio e o fim da antropologia; cf., entre outros lugares, "Para la teología de la encarnación" (n. 32, p. 133).

38 Cf. IRINEU. *Adv. Haer.*, V 6,2: "Nos tempos passados dizia-se que o ser humano havia sido feito à imagem de Deus, mas não conseguia ver – invisível como ainda era – o Verbo,

desígnio divino é perfeitamente compatível com um progresso na revelação do mesmo. O que Deus havia planejado desde sempre em Cristo não se revelou senão com a aparição deste último.

b) Não apenas o desígnio de Deus se revelou quando chegou a plenitude dos tempos, mas o ser humano se opôs desde o primeiro instante aos desígnios divinos. A passagem do primeiro Adão ao segundo e último não foi pacífica. Desde o primeiro instante o ser humano pecou e perdeu a amizade com Deus. A aparição de Jesus comporta a novidade diante do velho ser humano (cf. Rm 6,6; 2Cor 5,17; Ef 4,22), um novo começo radical feito possível somente pela obediência de Cristo, que nos liberta da escravidão do pecado, um estado do qual o ser humano por suas próprias forças nunca poderia sair. Em Cristo somos nova criatura porque nele Deus reconciliou consigo o mundo (cf. 2Cor 5,17-18). Jesus é o que tira o pecado do mundo (Jo 1,29). Faz-se necessário um novo começo porque o ser humano não foi fiel à vocação divina que, desde o primeiro instante, o orientava para Jesus embora não pudesse saber disso. Cristo que leva o ser humano à sua vocação definitiva, ao mesmo tempo, liberta-o da escravidão na qual ele próprio se colocou.

c) A novidade efetivada vinda de Cristo que é quem traz a salvação, Ele em pessoa é a sabedoria, a justiça, a santificação e a redenção (1Cor 1,30). Santo Irineu formulou magistralmente o significado da novidade de Cristo, apesar de ter sido anunciado desde os tempos antigos pelos profetas:

> Leia com diligência o Evangelho que os Apóstolos nos deram e leia atentamente os profetas. Achareis anunciada neles toda a obra e toda a doutrina e toda

---

a cuja imagem havia sido feito. Daí também que perdera facilmente a semelhança. Mas, ao se fazer carne, o Verbo de Deus autenticou ambas as coisas: demonstrou a verdade da imagem, feito em pessoa o que era sua imagem, e fixou estavelmente a semelhança, assemelhando juntamente o ser humano ao Pai invisível por meio do Verbo visível" (Trad. de ORBE, A. *Teología de San Ireneo*, II. Madri/Toledo, 1987, p. 91-101).

a Paixão de Nosso Senhor. Mas se vier à mente dizer: Então, o que de novo trouxe o Senhor com sua vinda? Sabei que trouxe toda a novidade ao apresentar-se tal como foi anunciado. Porque isto mesmo se anunciava: que viria a novidade a inovar e vivificar o ser humano [...]. Chegado o Rei, e cheios os súditos do gozo previamente anunciado, recebida dele a liberdade, feitos partícipes de sua visão, ouvidos seus discursos, entrados na fruição de seus dons, já não perguntarão o que de novo trouxe o Rei sobre os que anunciaram a sua vinda. Pelo menos aqueles que tenham bom-senso. Porque trouxe a si mesmo e doou aos seres humanos os bens anunciados antecipadamente, "ao quais os anjos gostariam de ver" (1Pd 1,12)[39].

É Cristo em pessoa o que traz a salvação, com os feitos de sua vida e de sua morte e ressurreição se realiza a salvação anunciada, não de outra maneira. Esta é a mensagem central do Novo Testamento. Além disso, a realidade da salvação supera em muito o anúncio. Em Cristo está a plenitude da divindade e desta plenitude todos nós temos recebido para sermos salvos (cf. Cl 1,9-10; Jo 1,16). Somente se Cristo se torna realmente o que somos, podemos chegar a ser o que Ele é, segundo a antiga doutrina patrística do intercâmbio[40]. Salvaguardada sempre a liberdade de Deus, que certamente poderia nos salvar por outras vias, devemos insistir que não há de fato outro caminho de salvação e plenitude humana, senão o que passa pela encarnação do Filho, em quem se cumprem os desígnios salvíficos de Deus. É

---

39 IRINEU, *Adv. Haer.*, IV 34,1. Trad. de ORBE, A. *Telogía de San Ireneo*, IV. Madri/ Toledo, 1996, p. 471-472.

40 Cf. Ibid. *Adv. Haer.*, III 19, 1 (SCh 211, 374): "O Filho de Deus se fez humano para que o ser humano unido ao Verbo de Deus e recebendo a adoção fosse feito filho de Deus. [...]. Porque, de que maneira poderíamos nos unir à incorrupção e à imortalidade se antes a incorrupção e a imortalidade não se tivesse feito o que somos?". Cf. tb. *Adv. Haer.* III 18,7 (366). • IV 20,3; 33,4 (SCh 100,634; 810). • V praef. (SCh 153, 34). Para outras referências patrísticas, cf. LADARIA, F. *Teologia del pecado original y de la gracia*. 3. ed. Madri, 2001, p. 151.

sua presença no mundo, sua vida, sua morte e sua ressurreição, que traz a salvação e, consequentemente, a novidade e a perfeição do ser humano. Outra coisa não se quis dizer nos primeiros tempos da Igreja quando se relacionava a salvação com a verdade da humanidade e, concretamente, da carne do Senhor[41]. E à mesma encarnação se liga a presença e o dom do Espírito aos seres humanos, uma vez que aquele, habitando na carne de Cristo, "habituou-se" a estar no ser humano[42]. Antes, nos profetas, Deus foi acostumando, ao mesmo tempo, o ser humano a levar seu Espírito e a estar em comunhão com Ele[43]. Por isso, o Espírito nos é comunicado enquanto Espírito de Jesus. Somente o Espírito é capaz de levar o ser humano à filiação divina em e com Cristo que constitui o seu destino (cf. Gl 4,6; Rm 8,14-16). Esta efusão do Espírito é também uma dimensão da novidade de Cristo, visto que dela depende[44]. Evidentemente, a insistência nesta novidade de Cristo e o fato de que a salvação vem com Jesus não significa que a salvação nos tempos que precederam o advento de Cristo não dependeu desse evento. O Filho de Deus, na previsão de sua encarnação, sempre esteve presente com o gênero humano[45]. De uma maneira misteriosa, os efeitos da vinda de Cristo ao mundo são antecipados antes dela ser realizada. A única economia salvífica tem como único centro a encarnação do Filho, e sua ação salvadora se realiza sempre por meio de seu Espírito Santo. Este não tem um

---

41 IRINEU. *Adv. Haer.* III 10,3 (SCh 211,124): "Salutare autem quoniam Spiritus [...]. Salus autem quoniam caro". • TERTULIANO. *De res. mort.*, VIII 2 (CCL 2,931): "Caro cardo salutis". • HILÁRIO DE POITIERS. *In Mat.* 4,4 (SCh 254,132): "Ita corporalitas eius et passio voluntas Dei est et salus saeculi est".

42 Cf. IRINEU. *Adv. Haer.*, III 17,1 (SCh 211,330): "Habituando-se com Ele a habitar no gênero humano e descansar nos homens, e habitar no plasma de Deus, realizando neles a vontade do Pai e renovando-os da velhice na novidade de Cristo".

43 Cf. Ibid., IV 14,2 (SCh 100,542-544).

44 Os Padres uniram a novidade de Cristo ressuscitado com a novidade da graça do Espírito. Cf., entre outros, Ibid. *Adv. Haer.*, III 17,1 (n. 39). • ORÍGENES. *De Princ.*, I 3,7 (SCh 252,158); II 7,2 (n. 328).

45 Cf. IRINEU. *Adv. Haer.*, III 16,6; 18,1 (SCh 211,312; 342); IV 6,7; 20,4; 28,2 (SCh 100,454; 634-636; 758); V 16,1 (SCh 153,214). • *Demons.*, 12 (FP 2,81-82).

âmbito de atuação mais amplo do que o de Jesus. "Fica claro [...] o vínculo entre o mistério salvífico do Verbo Encarnado e o do Espírito Santo, que atua no influxo salvífico do Filho feito ser humano na vida de todos os seres humanos, chamados por Deus a uma única meta, quer tenham precedido historicamente o Verbo feito ser humano, ou vivam depois de sua vinda na história: de todos eles é animador o Espírito do Pai, que o Filho do ser humano doa livremente (cf. Jo 3,34)"[46]. A novidade de Cristo não se opõe, portanto, à universalidade de sua ação salvífica. Somente a sua novidade única pode livrar da caducidade que afeta toda a humanidade.

3) A relação entre Cristo e o ser humano pressupõe que este último possui uma verdadeira consciência criatural e uma verdadeira liberdade, não apesar, mas em virtude de sua vinculação a Cristo[47]. A redescoberta da relação íntima entre a função central de Cristo na salvação e na criação na teologia católica recente produziu-se, em certa medida, no diálogo com o cristocentrismo de Kart Barth, que na época foi qualificado por H.U. von Balthasar como reducionismo cristológico (*christologische Engführung*)[48]. Ele mesmo mostrou como, já na metade do século passado, muito antes do Concílio Vaticano II, a visão cristológica do mundo e da história já era algo adquirido em alguns ambientes da teologia católica[49]. Nos mesmos anos, e precisamente a propósito do Concílio de Calcedônia, Karl Rahner formulou sua famosa tese a que já nos referimos[50]. A natureza humana do Logos atinge o grau supremo de autonomia na medida

---

46 CONGREGAÇÃO PARA A DOUTRINA DA FÉ. Decl. *Dominus Iesus*, 12.

47 BALTHASAR, H.U. *Teodramatica – 4: La accion*. Madri, 1995, p. 110: "Deus imaginou e criou o primeiro Adão em referência explícita ao segundo; mas não por isso, nem sequer secretamente, impingiu-lhe a forma do segundo".

48 Cf. Ibid. Cf. tb. BARHT, K. *Darstellung und Deutung seiner Theologie*. 2. ed. Colônia,1962, p. 371.

49 Cf. Ibid., p. 335-370.

50 Cf. n. 13.

em que nela se dá a proximidade radical em relação a Deus. Nós podemos, com esta base, continuar por conta própria o raciocínio: o destino em Cristo do ser humano não tira deste a sua liberdade nem a sua consistência humana. Antes, a concede. A resposta livre do ser humano a Deus é justificável diante da razão, o cristão deve estar sempre disposto a dar razão de sua esperança (cf. 1Pd 3,15); e esta resposta é ainda mais livre quando fundada na obediência de Cristo ao Pai, na resposta da vontade humana de Jesus, a mais livre porque absolutamente não contaminada pelo pecado e pela escravidão que dele deriva. Vocação em Cristo e a autonomia criatural do ser humano crescem, portanto, na mesma proporção e, em absoluto, não se podem contrapor. Fundar, assim, a liberdade do ser humano na aceitação de sua vocação e de seu destino significa que, efetivamente, a sua única vocação é a divina, que a sua liberdade somente se realiza na aceitação do que constitui sua plenitude. E que, ao contrário, sua rejeição, sempre possível, constitui a desumanização do ser humano.

4) Esta rejeição produziu-se no pecado humano. O ser humano quis ser deus por suas próprias forças, fixou seu destino à margem do que Deus lhe havia assinalado. Por isso, a aparição de Jesus, em sua novidade, significa o juízo do ser humano e do mundo[51]. O Evangelho de João notavelmente insiste neste aspecto (cf. Jo 3,17-19; 5,22-27; 8,15-16; 12,31). Aqui se resumem e se concentram, de alguma maneira, os pontos indicados acima. Por um lado, Jesus pode ser juiz e critério do julgamento sobre o ser humano somente porque o ser humano foi chamado à plenitude nele. Caso contrário, não teria sentido que o ser humano fosse julgado a partir deste princípio. Por outro lado, também a novidade de Cristo aparece aqui em relevo; somente com a vinda de Cristo à terra este julgamento pode ter lugar. Isso nos remete, ao

---

51 Cf. KASPER, W. Christologie und Anthropologie. In: *Theologische Quartalschrift*, 162, 1982, p. 202-221, esp. p. 213. Artigo reproduzido em *Theologie und Kirche*. Magúncia, 1987, p. 205-229.

mesmo tempo, ao julgamento ligado à aparição de Cristo em glória em sua parusia (cf. Mt 25,31-46, entre outros lugares)[52]. É evidente que tampouco teria sentido falar de julgamento se não existisse no ser humano a capacidade de responder em liberdade, e consequentemente, também de se fechar ao chamado divino. Sob o olhar misericordioso de Jesus o ser humano pode descobrir a verdade de si mesmo.

Não é o ser humano a medida de Cristo, mas é Cristo a medida do ser humano. Da cristologia e não de outro lugar a antropologia deve tirar seus critérios definitivos. A configuração com Cristo é a vocação última e definitiva de todo ser humano. Mas, ao mesmo tempo, a cristologia pressupõe uma antropologia, embora a supere e a submeta à crítica. No encontro com Cristo o ser humano já sabe algo de si mesmo, e se Cristo pode iluminar sua condição é porque Ele a compartilha. Se em um primeiro momento o movimento do ser humano se dirige a Cristo, num segundo é Cristo que diz ao ser humano a palavra definitiva sobre o próprio ser humano. Ele a diz, por um lado, a partir de fora, porque o ser humano nunca pode alcançar, por si próprio, a novidade que Jesus significa. Mas, esta palavra não pode não encontrar um eco profundo no coração do ser humano e no mais íntimo de seu ser, se foi desde sempre criado em Cristo e a plenitude para a qual Ele o convida não deve ser algo apenas extrínseco, sem relação com o mais profundo do que Ele é. A criação do ser humano em Cristo, a unidade do desígnio de Deus e a novidade que Cristo traz com a sua presença são aspectos igualmente originais da mensagem cristã que deve se manter sempre unida em uma fecunda tensão.

---

[52] Por razões evidentes não entramos na relação entre o juízo que significa a primeira vinda do Senhor e o que está ligado à sua manifestação gloriosa ao final dos tempos.

2
A antropologia cristã como proposta de um novo humanismo[53]

O título que me propuseram para essa conferência parece pressupor uma noção mais ou menos precisa de humanismo, diante da qual o cristianismo ofereceria alguma novidade digna de menção. Certamente, em linhas gerais, nos poderá resultar aceitável uma abordagem deste gênero. O cristianismo, antes de tudo, acredita em um destino transcendente do ser humano e, por essa razão, se encontrará próximo e dialogará mais facilmente com aquelas noções de pensamento que sustentam a dignidade do ser humano e seu caráter único no conjunto dos seres que nos cercam, que se opõem, portanto, às visões reducionistas do ser humano[54], que o colocam, pelo contrário, no centro de suas preocupações, que não renunciam de antemão à questão do sentido de sua existência[55]. A visão cristã

---

53 Publicado em *Antropología y fe cristiana – IV Jornadas de Teología*. Santiago de Compostela, 2003, p. 193-221.

54 O humanismo foi reivindicado com paixão na metade do século passado pelas correntes existencialistas. P. ex.: SARTRE, J.P. *L'existentialisme est un humanisme*. Paris, 1946. • HEIDEGGER, M. *Briefüber den Humanismus*. Berna, 1954. Falou-se também do "marxismo humanista" (cf. RUIZ DE LA PENA, J.L. *Muerte y marxismo humanista*. Salamanca, 1976).

55 Cf. ALFARO, J. *De la cuestión del hombre a la cuestión de Dios*. Salamanca, 1988. • RUIZ DE LA PENA, J.L. *Crisis y apologia de la fe* – Evangelio y nuevo milênio. Santander, 1995, p. 286-291.

do ser humano se encontrará em sintonia com estas abordagens, embora não renunciará em contribuir com os elementos específicos que provêm da fé em Jesus. Esta nos leva a uma acolhida inicial e não a uma rejeição dos valores compartilhados pelos seres humanos de nosso tempo. Nesta linha pareceria, pelo menos à primeira vista, apontar o Concílio Vaticano II quando sinalizava no começo da constituição pastoral *Gaudium et Spes*: "A fé tudo ilumina com nova luz e manifesta o plano divino sobre a completa vocação do ser humano. Por isso, orienta a mente para soluções plenamente humanas. O Concílio se propõe, em primeiro lugar, julgar sob esta luz os valores que hoje gozam de máxima consideração e enlaçá-los novamente com sua fonte divina"[56]. Parte-se da base de alguns valores compartilhados, que devem ser iluminados com uma nova luz. Falamos da dignidade do ser humano, dos direitos do ser humano, do humanismo em geral, sem querer dar a esta palavra um sentido demasiado preciso, que certamente não coincide com o que ela tinha no Renascimento e em outros períodos da história. Qual a novidade da antropologia cristã diante de um mar de concepções sobre o ser humano que faz com que a palavra "antropologia" se torne a mais equívoca em nossa linguagem atual? Qual é o alcance desta novidade? Precisamente em torno deste ponto eu gostaria de focar esta exposição. Porque penso que a visão cristã do ser humano oferece umas características bem definidas e muito específicas que, sem ignorar nada do quão grande e nobre o ser humano pôde pensar acerca de si mesmo, significa uma novidade mais radical do que à primeira vista parece.

---

56 GS 11. O Concílio afirmava ainda que: "Crentes e não crentes estão geralmente de acordo neste ponto: todos os bens da Terra devem se ordenar em função do ser humano, centro e ápice de todos eles" (Idid., 12). Talvez, o acordo já não seria hoje tão amplo em considerar o ser humano como centro e ápice deste mundo.

2.1 Alguns dados da antropologia bíblica

Comecemos com algumas breves referências à antropologia do Antigo Testamento. Já em sua primeira página, a Bíblia nos diz que o ser humano, homem e mulher, foi criado por Deus à sua imagem e semelhança (cf. Gn 1,26-27; 5,1; 9,6-7)[57]. Diante do fato desta inigualável dignidade, o salmista, provavelmente conhecedor desta tradição sacerdotal, se pergunta com admiração pelo porquê deste inaudito privilégio: "O que é o ser humano para que te lembres dele, o ser humano para dar-lhe poder? O fizeste pouco inferior aos anjos, o coroastes de glória e dignidade [...] tudo submeteste debaixo de seus pés" (Sl 8,5-7; cf. Sl 144,3). Admiração muito maior, se se leva em consideração que o ser humano é, ao mesmo tempo, um ser efêmero e passageiro, é como um sopro ou uma sombra que passa (cf. Sl 144,4; 39,5-7; 62,10), que seca como a flor de um dia (cf. Is 40,6-7; Sl, 40,5-6), que no momento mais inesperado desaparecerá da terra e se perderá seu rastro no incessante fluxo da histórica. O Livro do Eclesiástico fará também eco deste paradoxo: "Da terra o Senhor criou ao ser humano e, de novo, fez-lhe voltar a ela, deu-lhe dias contados e tempo fixo, e, também, deu-lhe poder sobre todas as coisas da terra. De uma força como a sua os revestiu, à sua imagem os fez" (Eclo 17,1-3); e logo depois: "O que é o ser humano? Para que serve? [...] Como gota de água no mar, como um grão de areia, tão poucos são os seus anos frente à eternidade" (Eclo 17,1-3). O ser humano é, portanto, um ser fraco e frágil, a quem Deus, todavia, fez "à imagem de sua natureza" (cf. Sb 2,23).

O Antigo Testamento não hesita em considerar o ser humano como o centro da criação e como aquele ser em quem se descobre

---

57 Não entraremos, no momento, nas diversas interpretações desses textos. Mas quero destacar como o Concílio Vaticano II, na GS 12, começou sua exposição antropológica fazendo referência precisamente a esse ensinamento bíblico. É a primeira vez que isto ocorre em um Concílio Ecumênico. Esse dado é, sem dúvida, muito significativo.

o sentido definitivo de tudo o que Deus fez. Tudo quanto Deus vai criando na sucessão dos dias, de acordo com o primeiro capítulo de Gênesis, é "bom"; se converte em "muito bom" quando no sexto dia culmina a obra criadora com a aparição do ser humano (cf. Gn 1,4.10.18.21.25.31). Segundo o relato javista da criação, o ser humano é o encarregado de exercer o domínio sobretudo o que Deus fez (cf. Gn 2,15.19-20). O paradoxo da grandeza e miséria, da dignidade e transitoriedade do ser humano, não é resolvido no Antigo Testamento. Ele aparece ainda mais evidente se levarmos em conta que o ser humano, além de ser débil e efêmero, aparece também desde o primeiro instante como pecador, desobediente a Deus que o criou e o encheu de honra (cf. Gn 3,6; 4,8; 6,5-12 etc.) e que, no entanto, não o abandona.

As afirmações do Antigo Testamento sobre o ser humano imagem de Deus, coroado de glória e dignidade, no Novo Testamento são aplicadas a Jesus Cristo. "Ele é a Imagem do Deus invisível, primogênito de toda a criação" (Cl 1,15; cf. 2Cor 4,4; Fl 2,6; Hb 1,2-3). O Sl 8,5-7 é citado com referência a Cristo em Hb 2,6-8. O que foi dito sobre a dignidade do ser humano em geral, agora é dito especificamente de um ser humano concreto, de Jesus. Essa constatação elementar nos indica inicialmente que a antropologia cristã não se explica sem uma intrínseca referência a Cristo. A novidade que a antropologia cristã nos traz terá que ver, portanto, de maneira essencial, com a novidade de Cristo.

E precisamente em relação a Cristo e sua obra, o Novo Testamento nos fala frequentemente do novo: uma nova aliança (cf. Lc 22,20), um novo vinho (cf. Mc 2,18 par.), um novo ensinamento (cf. Mc 2,27), a novidade da vida do espírito (cf. Rm 6,4). O cristão é nova criação (2Cor 5,17; Gl 6,15), e em Cristo ele é feito um novo ser humano: "para criar, em si mesmo, dos dois, um único ser humano novo, fazendo a paz e reconciliar com Deus a ambos em um único corpo por meio da cruz" (Ef 2,15-16)[58]; o próprio Jesus ensinou os crentes a "se revestirem o Novo Ser humano, criado segundo Deus na justiça e santidade da verdade" (Ef 4,24). O "novo ser humano" não existe senão em Cristo, ser humano novo por antonomásia. Somente nele os seres humanos podem ser uma nova criatura: "o velho passou, tudo é novo" (2Cr 5,17). Estes e outros textos paralelos insistem na transformação, na passagem do velho ao novo, do ser humano velho à novidade de Cristo (cf. Rm 6,6; Ef 4,22); este, com sua obediência até a morte, mudou o destino de toda a humanidade, que ele faz passar, juntamente com Ele e nele, da morte à vida. Paulo expressou isso na Carta aos Romanos e na 1ª Carta aos Coríntios com o paralelo entre Adão e Cristo: "Assim como pela desobediência de um só ser humano todos foram constituídos pecadores, assim também pela obediência de um só todos serão constituídos justos" (Rm 5,18). "Porque, tendo vindo a morte por um ser humano, também por um ser humano vem a ressurreição dos mortos. Porque, do mesmo modo que em Adão todos morrem, assim também todos viverão em Cristo" (1Cor 15,21-22). A novidade de Cristo é, portanto, essencialmente, uma superação de uma situação de pecado e de morte, de escravidão sob os poderes do mal na qual se encontrava o ser humano. É uma libertação que o Novo Testamento atribui ao Filho e à verdade (cf. Jo 8,32.36) e a Cristo e a seu Espírito (cf. 2Cor 3,27; Gl 5,1). A antropologia cristã sabe que o ser humano não é apenas um ser frágil – também neste ponto o Novo Testamento é claro, como era o Antigo Testamento –, mas também é um pecador e que não tem por si mesmo a possibilidade de sair dessa situação. O

---

58 GNILKA, J. *Der Epheserbrief*. Friburgo/Basilea/Viena, 1971, p. 142: "Aqui Cristo cria em si mesmo. Ele é o ser humano universal que assume em si, une e pacifica os dois, e com isso a humanidade. Assim, não se restitui algo que existia previamente, mas que se realiza algo novo, um novo ser humano". Cf., a propósito, o seguinte texto: "O novo ser humano não é idêntico a Cristo, mas tem, sem dúvida, Cristo como medida" (Ibid., p. 239).

novo ser humano que Cristo cria em si mesmo, em seu corpo que é a Igreja, é o ser humano que Cristo salvou da escravidão do pecado e restituiu à liberdade dos filhos de Deus. O Antigo Testamento apenas se interessa pelo ser humano na medida em que ele é o objeto da salvação de Cristo e o destinatário da mensagem da salvação. Não é a antropologia a preocupação primária da revelação cristã. Esta se preocupa antes de tudo em dar-nos a conhecer a Deus, a quem Cristo revela nos salvando e nos comunicando a nova vida. Mas, o ser humano é o destinatário desta salvação e desta mensagem, que nos diz que Deus nos ama e nos salva em Cristo. Nesse sentido, por esta via, o ser humano se converte no segundo foco de uma elipse, é objeto da revelação divina enquanto destinatário da mesma e, sobretudo, enquanto objeto do amor de Deus. A admiração do salmista, que é o ser humano para que se lembre dele, dá lugar à admiração ainda maior pelo fato de que Deus amou o mundo e ao ser humano de tal maneira que nos enviou o Filho para nossa salvação, Ele nos amou primeiro (cf. Jo 3,16-17; 1Jo 4,9-11.19). A prova de que Deus nos ama é que, sendo nós ainda pecadores enviou o seu Filho para que fôssemos reconciliados com Ele (cf. Rm 5,8.10; 2Cor 5,19).

2.2 Cristo e o ser humano: algumas reflexões patrísticas

Mas, o amor de Deus por nós não depende do nosso pecado; este, embora indubitavelmente tenha determinado a forma concreta de sua manifestação, não é de modo algum determinante do amor em si. Pelo contrário, desde o primeiro instante é o amor de Deus o determinante do ser do ser humano, antes do seu pecado. E a imagem e semelhança divina na Bíblia estão antes do pecado humano. O ser humano tem a ver com Cristo somente a partir de seu pecado? Assim, foi possível pensar em amplas áreas na teologia, pelo menos no Ocidente, durante séculos. Vale a pena citar alguns textos de Santo Agostinho: "Se homo non perisset, Filius hominis non venisset"[59]. "Quare venit in mundum? Peccatores saluos facere. Aliam causa non fuit, quare veniret in mundum"[60]. Não se trata de retornar às disputas sobre o motivo da encarnação, que, no entanto, tem algo de importante. Mas essa questão tem a ver, diretamente, com a antropologia cristã. Até que ponto Cristo é parte da definição do ser humano? Entra somente em cena quando o ser humano, caído no pecado, necessita de um redentor?

O Novo Testamento não nos responde diretamente a essa questão. Mas existem elementos que nos permitem aventurar uma resposta. Trata-se, em primeiro lugar, do paralelo entre Adão e Cristo ao qual já nos referimos. Se, em algum aspecto, esse importante motivo paulino se concentra no binômio pecado-redenção, ou morte-ressurreição, esse não é o único aspecto que se coloca em relevo. Em 1Cor 15,45-49 o destino final do ser humano na reprodução da imagem de Cristo põe em relação a primeira criação com a ressurreição, sem que o pecado seja mencionado diretamente. Se o primeiro Adão é feito alma vivente, o segundo Cristo é feito o espírito que dá vida, de modo que, como temos levado a imagem do terrestre, levemos a imagem do celeste. A primeira criação e a vocação definitiva do ser humano se põem em íntima relação. A segunda é a culminação da primeira. Os traços do novo ser humano e do último Adão já aparecem de algum modo projetados no momento em que Deus formou o primeiro Adão do pó da terra e lhe infunde o seu sopro vital, prefiguração do dom do Espírito Santo (cf. Gn 2,7; Jo 20,22). Aos que predestinou os chamou para serem conformes à imagem de seu Filho, a fim de que ele seja primogênito entre muitos irmãos (cf. Rm 8,29). Uma

---

59 S. AGOSTINHO. Sermo, 174,2. In: *Opere di Sant'Agostino,* 31/2, p. 842.

60 S. AGOSTINHO. Sermo, 174,8. In: Ibid., p. 850. • De pec. meritis et remissione, I 26,39. In: *Opere...* 17/1, p. 68): "[...] non aliam ob causam in carne venisse [...] nisi ut hac dispensatione misericordiosissimae gratiae omnes [...] vivificaret, salvos faceret, liberaret, redimeret, illuminaret, qui prius fuissent in peccatorum morte". • Sermo 27,2. In: *Opere,* 29, p. 516: Si enim sub captivitate non teneremur, redemptore non indigeremur".

conclusão similar traz o hino da carta aos Efésios: "Porquanto nos elegeu nele antes da criação do mundo, para sermos santos e imaculados em sua presença no amor: elegendo-nos de antemão para sermos seus filhos adotivos por meio de Jesus Cristo, para louvor da glória de sua graça na qual nos agraciou no amado" (Ef 1,4-6). Não se trata de um desenvolvimento completo da ideia, não podemos falar mais que indícios neste sentido[61]. Mas não podemos deixá-los de lado, sobretudo se tivermos em mente os desenvolvimentos que ocorrerão em épocas posteriores.

Com efeito, o que em Paulo é apenas uma insinuação se converte em afirmações explícitas a partir do final do século II. Diante das correntes gnósticas e a teologia de Marcião, que consideravam a criação uma queda e a separavam da salvação realizada em Cristo pelo bondoso Deus, a grande Igreja teve de defender a unidade radical da economia que tem em Cristo seu centro. O Novo Testamento já havia falado da criação de todas as coisas por meio de Cristo (cf. 1Cor 8,6; Cl 1,15-16; Hb 1,2-3; Jo 1,3.10). A tragédia do pecado não pode ser esquecida, mas este fato de tão amargas consequências não foi capaz de destruir a bondade radical de tudo o que Deus criou. A fidelidade divina é sempre mais forte que o pecado humano. O ser humano, em particular, segue sendo em todo momento o objeto privilegiado do amor de Deus. Este, sobretudo com a constante proximidade de seu Filho, nunca o abandonou[62]. Essa proximidade do Filho ao ser humano culminará na encarnação e dela receberá seu significado último. Antecipava a vinda de Cristo antes que esta ocorresse, é consequência imediata da mesma após a ascensão do Senhor ao céu, visto

---

61 J. Gnilka, em seu comentário à Carta aos Efésios, mencionado anteriormente, assinala que nas referências ao novo ser humano podem ser descobertas alusões à realização definitiva de Gn 1,26s.

62 Irineu de Lião, sobretudo, insistiu inúmeras vezes na constante proximidade do *Logos* ao gênero humano; cf. *Adversus haereses* III 16,6 (SCh 211,312): "semper aderat generi humano"; III 18,1 (Ibid., 342); IV 6,7 (SCh 100,454); 20,4 (634-636); 28,2 (758); V 16,1 (SCh 153,214). • *Demonst.*, 12 (FP 2,81-82).

que Jesus glorificado segue presente no meio dos seus. Na criação de Adão no início dos tempos já era a encarnação do Verbo que se prefigurava. Santo Irineu diz: "Desta terra, pois, ainda virgem, Deus tomou barro e formou o ser humano, princípio do gênero humano. Para dar, pois, cumprimento a este ser humano, o Senhor assumiu a mesma disposição de sua corporeidade, que nasceu de uma Virgem pela Vontade e pela Sabedoria de Deus, para também manifestar ele a identidade de sua corporeidade com a de Adão, e para que se cumprisse o que no princípio foi escrito; o ser humano à imagem e semelhança de Deus (cf. Gn 1,26)"[63]. E, ainda mais contundente são algumas passagens de Tertuliano: "Pronunciou [Deus] no plural "façamos" e "nossa" (cf. Gn 1,16) e "de nós" (cf. Gn 3,22). Com quem criava o ser humano, e a quem o fazia semelhante? Com o Filho, que ia revestir-se do ser humano, e com o Espírito, que ia santificar o ser humano; falava com eles na unidade da Trindade como ministros e testemunhas. Depois a seguinte passagem distingue entre as pessoas: "Deus fez o ser humano, o fez à imagem de Deus" (Gn 1,17). Por que não disse "à sua imagem" se era um o que fazia e não havia outro à imagem do qual fazia? Mas, havia um à imagem do qual o fazia, isto é, o Filho, o qual, devendo ser o ser humano mais certo e mais verdadeiro (*homo futurus certior et verior*), quis que fosse chamado ser humano sua imagem que então ia formar do barro, imagem e semelhança do verdadeiro"[64]. E, ainda no século IV, Hilário de

---

63 IRINEU DE LIÃO. *Demonst.*, 32 (FP 2,123). Cf. tb. ibid, 22 (106). • *Adv. Haer.*, III 22,3 (SCh 211,438): "Por isso, o mesmo Adão foi chamado por Paulo 'figura do que devia vir' (Rm 5,14). Com efeito, o Verbo, artífice de todas as coisas, havia prefigurado na futura economia da que se tinha revestido o Filho de Deus". Cf. tb. Ibid., III 22,1 (SCh 211, 432); V 16, 2 (SCh 153, 216).

64 *Adv. Praxean*, XII, 3-4 (Scarpat, 170-172). Cf. tb. *De res. mort.*, VI 3-5 (CCL 2,928): "Em qualquer forma que se dava ao barro, se pensava em Cristo que tinha de ser humano [...]. O que Deus plasmou, o fez à imagem de Deus, isto é, de Cristo [...]. Por isso, aquele barro, que já então revestia a imagem de Cristo que se encarnaria, não era somente uma obra de Deus, senão uma garantia [da encarnação futura]". • *Adv. Marc.*, V 8,1 (CCL 1,685): "Portanto, se é imagem do Criador, este, vendo

Poitiers expressou-se nestes termos: "Adão, pelo seu próprio nome, prefigura o nascimento do Senhor, pois o nome hebraico de Adão, que em grego se traduz como *"ge pyrra"*, significa em latim "terra cor de fogo", e as Escrituras costuma dar o nome de "terra" à carne do corpo humano. Esta [carne], que, no Senhor, nasceu da Virgem pelo Espírito, transformada em uma forma nova e estranha a si mesma, foi feita conforme à glória espiritual, segundo o Apóstolo: *O segundo ser humano vem do céu* (1Cor 15,47), e é o Adão celestial, porque o Adão terrestre é a *imagem daquele que havia de vir* (Rm 5,14)[65].

Não é apenas a criação do universo e, em particular, do ser humano mediante o Verbo o vínculo que se estabelece entre o primeiro Adão e o segundo. Ainda mais decisivo é o fato de que, no primeiro Adão, Deus já traçou o esboço da humanidade de seu Filho, prefigurou a encarnação. Deste mesmo ponto de vista, é coerente que seja o Filho quem vem buscar o ser humano, criado segundo ele, quando se desviou e se distanciou de Deus com seu pecado. Assim, Santo Atanásio diz: "Da mesma maneira, o Filho santíssimo do Pai, que é a imagem do Pai, veio às nossas regiões para renovar o ser humano feito segundo ele e para encontrá-lo novamente, quando estava perdido, mediante a remissão de seus pecados, como ele mesmo diz nos Evangelhos: 'Eu vim encontrar e salvar o que estava

---

Cristo, sua Palavra, que tinha de tornar-se ser humano, disse: 'Façamos o ser humano a nossa imagem e semelhança'(Gn 1,26)".

65 *Trac. Myst.,* I,2 (SCh 19bis, 76). Trad. de J.J. Ayan Calvo. In: HILÁRIO DE POITIERS. *Tratado de los mistérios.* Madri, 1993, p. 38-40. Para uma análise do texto cf. LADARIA, L.F. *La cristología de Hilario de Poitiers.* Roma, 1989, p. 28-30. Em particular nota-se que na citação de Rm 5,14 se traduz o grego *typos* por *imago,* em lugar de *forma.* A relação entre o primeiro Adão e o segundo aparece, assim, muito mais precisa. Ainda coexistindo com outras concepções, essa perspectiva cristológica da imagem de Deus se manteve no Ocidente durante os séculos IV e V. Cf. PEDRO CRISÓLOGO. *Ser.,* 117,1-2 (CCL 24A,709). • GREGÓRIO DE ELVIRA. *Trac. Orig.,* XIV 25; XVI 22 (FP 9,344; 372). • AURÉLIO PRUDÊNCIO. *Apoteosis,* V, 309; 1.040 (*Obras completas.* Madri: BAC, 1981, p. 200, 240). Para algumas referências sobre a teologia oriental cf. GROSSI, V. *Lineamentadi antropologia patrística.* Roma, 1983, p. 81-82.

perdido' (Lc 19,10)"[66]. Mesmo que aqui se destaque o motivo da redenção e da libertação do pecado, fica nítido que não é ali que começa a relação do ser humano com o Filho de Deus. Precisamente o fato de que seja Ele quem vem para redimi-lo é aduzido como um sinal de que a renovação que Cristo traz não se limita à libertação do pecado, mas significa a realização daquilo que foi desenhado por Deus desde o princípio. O ser humano é liberto por aquele que está presente em sua criação, não apenas como mediador, mas também como modelo. Essa linha doutrinal se perdeu quase completamente, por razões que aqui seria longo demais explicar, pelo menos no que diz respeito à teologia ocidental[67]. A conexão com outros elementos doutrinários de importância primordial fez com que essas ideias ficassem implicitamente presentes em muitas áreas da vida cristã.

O convite de Cristo a seu seguimento, tão presente nos Evangelhos (cf. Mc 1,17 par.; 2,14; 8,34-38 par.; 17,21 par.; Jo 8,12 etc.), leva-nos na mesma direção e recebe à luz destas considerações um sentido mais pleno. A salvação que está unida a este seguimento é a plena realização do ser humano, não é algo extrínseco em relação ao que é o ser humano no mais profundo de si mesmo. O mesmo dizemos das diferentes passagens nas quais a configuração com Cristo ressuscitado, expressada em diversas formulações, é vista como a plenitude à qual somos chamados (cf. Rm 8,29; 1Cor 15,49; 2Cor 3,18; Gl 4,19, Cl 2,12; 3,4 etc.). Foi expresso com nitidez por H.U. von Balthasar: "Surge também a função mediadora na criação, não apenas do Logos, mas de Cristo. Isso quer dizer que todas as coisas só puderam ser feitas sem referência à sua consumação no segundo Adão, que só se faz perceptível no ser e na consciência do Filho que leva à consumação sua missão. Mais uma vez, a este, enquanto autor

---

66 ATANÁSIO DE ALEXANDRIA. *De incarnatione Verbi*, 14,2 (SCh 199,315).

67 Permita-me remeter à LADARIA, L.F. *El hombre creado a imagen de Dios*. In: SESBOUE, B. (dir.). *Historia de los dogmas – 2: El hombre y su salvación*. Salamanca, 1996, p. 75-115, esp. 75-93.

da consumação, não se pôde colocar neste papel outra instância além do criador; caso contrário, ele não poderia executá-lo *a partir de dentro*, mas teria que colocar seu selo final *a partir de fora* sobre as coisas que tinham sido criadas com uma origem diferente"[68]. O que é formulado aqui com caráter genérico em relação à criação tem no caso do ser humano uma aplicação específica. Porque não se trata apenas de que Deus aperfeiçoe em Cristo o que desde sempre pensou nele e para Ele, mas Jesus, tornando-se um ser humano como nós, leva à perfeição nossa humanidade porque Ele é um ser humano como nós, enquanto assume a nossa condição. Ele só pode aperfeiçoá-la "a partir de dentro" se desde o primeiro instante da criação Deus nos criou tendo presente a encarnação de seu Filho. O texto de Tertuliano que acabamos de mencionar é instrutivo: Ele é o *homo certior et verior*. Somos seres humanos no sentido mais pleno e verdadeiro da palavra, na medida em que nos assimilamos a Ele.

2.3 Cristo e o ser humano segundo o Concílio Vaticano II e a reflexão teológica contemporânea

2.3.1 Cristo, o ser humano perfeito

O Concílio Vaticano II significou um grande avanço doutrinal no campo da antropologia teológica, não somente pelo que explicitamente

---

68 *Teodramatica* – 3: Las personas del drama; el hombre en Cristo. Madri, 1993, p. 237-238. Um pensamento muito próximo expressa PANNEMBERG, W. *Teología Sistemática*, II. Madri, 1996, p. 25: "A afirmação da mediação do Filho na criação deve ser entendida aqui [Hb 1,2; Cl 1,16.20; Ef 1,10] em sentido *final*. Quer dizer que somente em Jesus Cristo se consumará a criação do mundo. Mas, por correto que seja este ponto de vista [...] a mediação criadora do Filho não pode limitar-se a esse aspecto. O ordenamento final das criaturas à manifestação de Jesus Cristo supõe, em vez disso, que as criaturas tenham no Filho a origem de seu ser e existir. De outro modo, a recapitulação final de todas as coisas no Filho (Ef 1,10) seria exterior às coisas mesmas, o que suporia que não seria a recapitulação definitiva do autêntico ser das realidades criadas". O princípio se aplica especificamente ao ser humano: "A intenção do Criador não pode situar-se de um modo tão ineficaz e extrínseco em relação a sua criatura [...]" (Ibid., p. 245-247).

disse, mas também pelo que insinuou. O desenvolvimento dogmático dos primeiros séculos da Igreja insistiu na perfeição da divindade e da humanidade de Cristo. As razões soteriológicas que impulsionaram o desenvolvimento do dogma cristológico, em estreita conexão com o trinitário, levaram a afirmar, depois da consubstancialidade do Filho com o Pai no Concílio de Niceia, sua consubstancialidade conosco em relação à sua humanidade no Concílio de Calcedônia (cf. DH 301; já no "Símbolo da união", DH 271-273). Nossa salvação foi real e completa somente se Jesus, o eterno Filho de Deus, assumiu nossa condição humana em sua integridade. Mas essa "perfeição" da humanidade, no sentido primário de humanidade completa, já está lentamente insinuando algo mais, o sentido da humanidade paradigmática. Já em Calcedônia se começa a notar que essa humanidade é sem pecado. Evidentemente, isso não significa que lhe falte algo, mas que há em Cristo uma perfeição que em nós não se encontra. Perfeição que, longe de distanciá-lo de nossa condição, lhe permite unir-se mais intimamente a ela, porque, em obediência à vontade do Pai, lhe permite carregar sobre si os pecados de todos e, assim, nos redimir da escravidão em que estes nos colocaram. Quando o Concílio III de Constantinopla vai afirmar a vontade humana de Jesus, em tudo submetida à vontade divina que é um só com a do Pai, insistirá nessa linha de perfeição da humanidade de Cristo; precisamente em virtude de sua única e irrepetível comunhão com Deus na união hipostática, esta humanidade não fica nem absorvida nem diminuída, mas elevada e potenciada ao máximo em sua autonomia criatural. *Humana augens* (DH 293), é a bela fórmula de São Leão Magno na véspera da definição dogmática de Calcedônia que ele contribuiu tão decisivo para formular. A maior proximidade de Deus leva à maior plenitude do ser humano, nunca o contrário[69].

---

69 Cf. RAHNER. Problemas actuales de cristología. In: *Escritos de teología*, I. Madri, 1963, p. 169-222, esp. p. 183: "A dependência radical de Deus não cresce em proporção inversa, mas direta, com a verdadeira autonomia diante dele". •

E é evidente, por outra parte, que essa perfeição não significa uma medida abstrata à que Cristo se conformaria de um modo eminente. O ser humano perfeito é Cristo e nele e somente nele se descobre o que significa a perfeição da humanidade.

Não significa, portanto, uma novidade radical, embora o desenvolvimento doutrinário que implicam é muito notável, as formulações do Concílio Vaticano II, concretamente da *Gaudium et Spes*, 22: "Em realidade, o mistério do ser humano só se esclarece no mistério do Verbo encarnado. Porque Adão, o primeiro ser humano, era figura do que havia de vir (cf. Rm 5,14)[70], isto é, Cristo nosso Senhor. Cristo, o último Adão, na mesma revelação do mistério do Pai, manifesta plenamente o ser humano ao próprio ser humano e manifesta plenamente o ser humano ao próprio ser humano, e revela a ele a grandeza de sua vocação [...]. Ele que é *imagem do Deus invisível* (Cl 1,15) também é o ser humano perfeito, que devolveu à descendência de Adão a semelhança divina, deformada pelo primeiro pecado. Nele, a natureza humana assumida, não absorvida, foi elevada também em nós, à dignidade sem igual. O Filho de Deus com sua encarnação se uniu em certo modo a todo ser humano [...]"[71].

COMISSÃO TEOLÓGICA INTERNACIONAL. Teología; Cristología; Antropología, I E 4. In: POZO, C. (ed.). *Documentos 1969-1996*. Madri, 1998, p. 254: "Da mesma maneira que a encarnação do Verbo não muda nem diminui a natureza divina, assim tampouco a divindade de Jesus Cristo muda ou dissolve a natureza humana, mas a afirma mais e a aperfeiçoa em sua condição criatural original [...]. Quanto mais profundamente desce Jesus Cristo na participação da miséria humana, mais alto se eleva o ser humano na participação da vida divina".

70 Também citado em nota: TERTULIANO. *De res. mort* (*De carnis resurrectione*), 6: "Quodcuque limus exprimebatur, Christus cogitabatur, homo futurus". Citaremos este texto e sua continuação na nota 191.

71 Cf. citações significativas deste texto em João Paulo II. *Redemptor Hominis*, 8; *Fides et Ratio*, 60, onde o próprio papa assinala que este texto é um dos pontos de referência em seu magistério. O mesmo João Paulo II (*Fides et ratio*, 80) comenta: "Só aqui o sentido da existência atinge seu ápice. Faz-se inteligível, de fato, a essência íntima de Deus e do ser humano: no mistério do Verbo encarnado, a natureza divina e a natureza humana, com sua respectiva autonomia, ficam

Não se trata agora de fazer um comentário literal desta passagem, mas apenas enfatizar alguns dos temas que nela afloram. Em primeiro lugar, o significado fundamental de Cristo para a antropologia cristã. Somente o mistério do Verbo encarnado ilumina o mistério do ser humano; Cristo revela o ser humano ao próprio ser humano. Muitas coisas válidas foram ditas sobre o ser humano a partir de muitos pontos de vista, e certamente não é a intenção do Concílio desautorizá-las e ignorá-las. Mas a questão emerge, a partir do texto, em toda a sua radicalidade: O que significa, para a própria definição do ser humano, o fato da encarnação do filho? Diz-nos simplesmente – que já é muito mais do que os seres humanos por conta própria poderíamos pensar – até onde chega o amor de Deus pelo ser humano, ou nos diz também o que é este ser humano no mais profundo?

Foram objeto de discussão na teologia católica as teses contundentes e um pouco radicais de Karl Barth, expostas em outra parte com tanto vigor e de modo tão expressivo: somente a partir de Cristo sabemos o que é o ser humano, como somente a partir dele sabemos quem é Deus[72]. Mas com uma valorização mais positiva da criação, precisamente à luz de Cristo, a teologia católica tem posições igualmente nítidas sobre isso e, talvez, ainda mais. K. Rahner desenvolveu sua tese acerca da criação e, concretamente, da criação do ser humano como a "gramática" de uma possível autocomunicação divina. É a linguagem que Deus cria para poder se expressar livremente e poder comunicar as verdades salvadoras, cujo conteúdo fundamental é Ele

---

salvaguardadas e, ao mesmo tempo, evidencia-se o vínculo que as coloca em mútua relação, sem cofusão".

72 BARTH, K. *Kirchliche Dogmatik*, 3/2. Munique, 19, 13: "Wer und was der Menschist, dass wird uns im Worte Gottes nicht weniger bestimmt und dringlicher gesagt wie dieses, werund was Gottist"; "Eben Mensch ist ja Gott selber in der vollkommenen und entgultigen Off enbarung dieses Wortes geworden". BALTHASAR, H.U & BARTH, K. *Darstellung und Deutung seiner Theologie*. Colônia, 1951, p. 335-344, entre outros lugares.

mesmo. Neste sentido, a possibilidade da criação, enquanto começo da manifestação de Deus e, em certa medida, também de sua saída de si e de seu despojamento, repousaria sobre a possibilidade da manifestação e do despojamento radical na encarnação. Isso não significa que não possa haver criação sem encarnação, nem que não possa haver seres humanos sem a encarnação do Filho. O que se afirma é que não poderiam existir sem a possibilidade da encarnação, o que é algo muito diferente. Caso contrário, negaríamos a liberdade da encarnação e confundiríamos a natureza e o mundo com a graça e a comunicação que Deus faz de si mesmo. É a possibilidade do maior o que funda o menor, não ao contrário. É a capacidade que tem Deus de assumir, de tornar-se o que não é, que funda a capacidade de criar do nada. A humanidade de Jesus é criada enquanto o Filho a assume, ela não tem uma existência prévia nem cronológica nem logicamente a esta assunção. Porque Deus pode assumir e com isso criar, Ele pode criar sem assumir. Porque pode expressar-se e nos dizer sua palavra definitiva de amor na encarnação de seu Filho, pode manifestar-se na criação. A partir deste ponto de vista se entende a definição do ser humano que nos oferece: é o que surge quando a autoexpressão de Deus, sua Palavra, é pronunciada por amor no vazio do nada sem Deus (*in das Leere des Gott-losen Nichts*). Desde o princípio houve seres humanos porque o Filho do homem tinha que vir. O ser humano é o que surge quando Deus quer ser não Deus. Todo ser humano é assim, no mais profundo, um possível irmão de Jesus[73]. De uma maneira não muito diferente Hans Urs von Balthasar considerou a questão, para quem o sim de Deus à criação, mesmo quando esta pode responder com um não ao Criador, como também todo relacionamento entre Deus e o ser humano se fundamenta na

---

73 Cf. *Grundkurs des Glaubens* – Einfuhrung in den Begriff des Christentums. Friburgo/Basileia/Viena, 1976. Antes K. Rahner havia desenvolvido esses pensamentos em seu artigo "Para la teología de la encarnación". In: *Escritos de Teología*, IV. Madri, 1964, p. 139-157.

vida divina, na infinita distância entre o Pai e o Filho na unidade inseparável do Espírito Santo[74]. Ele também usou a analogia da gramática para expressar a relação entre a criação e a expressão de Deus na encarnação: "O ser humano natural sabe o que é ética e a razão prática, e o ser humano do Antigo Testamento também sabe o que deveria ser o justo relacionamento com o Deus vivo. Nesta gramática, Jesus pode registrar a palavra de Deus"[75]. E sem que se use a palavra, mas ainda mais claramente enquanto à ideia: "Deus criou a criatura à sua imagem e semelhança para que ela, mediante a sua graça, possa ser capaz, a partir de dentro, de servi-lhe de caixa de ressonância mediante a qual Ele possa expressar-se e fazer-se entender"[76].

A partir destas interpretações teológicas se podem encher de conteúdo as afirmações necessariamente mais genéricas da *Gaudium et Spes*. Em Cristo se descobre quem é o ser humano, porque aparece nítido o princípio que deu origem à sua criação. Há seres humanos, na economia concreta em que nos movemos, porque tinha de existir Cristo. Se a possibilidade da criação do ser humano se funda na da encarnação, aparece nitidamente quem é o modelo a partir do qual o ser humano foi formado, e com isso uma nova definição do próprio ser humano: aquilo em que Deus se converte quando Deus se faz um não Deus. A criação do ser humano à imagem e semelhança de Deus é, portanto, gramática[77], de acordo com os ilustres teólogos mencionados, que torna possível a expressão de Deus. Não se vê a

---

74 Cf. CORDOVILLA, A. *Gramatica de la encarnación* – La creación en Cristo en la teología de K. Rahner y Hans Urs von Balthasar. Madri, 2004, p. 451-453.

75 *Theologik* – II: Wahrheit Gottes. Einsiedeln, 1985, p. 73.

76 Ibid., 76.

77 Temos de notar aqui que W. Kasper (*Jesus el Cristo*. Salamanca, 1975, p. 6) também usou o conceito de gramática, embora em outro sentido. A criação e, concretamente, o ser humano, são uma gramática suscetível de múltiplas determinações. Em outros momentos, na mesma obra, sua suposição é mais matizada e mais consistente com a dos outros teólogos mencionados. Cf. ibid., p. 237-238; 263-265. Na mesma linha se coloca seu artigo "Christologie und Anthropologie". In: *Theologische Quartalschrift*, 162, 1982, p. 202-221.

Cristo a partir de Adão, mas a Adão a partir de Cristo, por mais que no desenvolvimento concreto da vida de Jesus tenha desempenhado um papel importante o pecado de Adão "primeiro ser humano". Se é "pessoa" na plenitude do sentido teológico, para von Balthasar, quando se participa na missão de Cristo, em quem sua pessoa e sua missão se identificam porque seu ser é pura referência ao Pai (e ao Espírito Santo) e sua obediência à missão recebida na economia salvífica é a transposição na economia da salvação do que constitui seu ser na eternidade divina[78]. É óbvio que se pode chegar a esta conclusão somente a partir do que os Apóstolos viram e ouviram e transmitiram à Igreja, a partir da figura concreta de Jesus de Nazaré, Senhor e Cristo. No centro da visão cristã do ser humano se coloca, portanto, necessariamente Jesus. Ele em sua vida concreta e, especificamente, em sua revelação do Pai, revela o ser humano ao próprio ser humano. Ele é o ser humano perfeito, e não apenas "perfeitamente ser humano". Tanto na teologia patrística como em desenvolvimentos contemporâneos há elementos que preenchem de conteúdo essa expressão. "Quem segue a Cristo, o ser humano perfeito, se torna mais humano"[79]. A perfeição da humanidade de Cristo certamente vai muito além da simples condição de um ser humano completo e inclusive de perfeição moral. Nele a natureza humana, porque assumida pela pessoa divina, alcança uma dignidade incomparável (recordemos o *humana augens* de São Leão), "também em nós". É outra importante afirmação do Concílio. A "perfeição" da nossa humanidade consiste, portanto, na participação na perfeição que dele emana. A razão desta comunicação está, de acordo com o Concílio Vaticano II, no fato de que o Filho de Deus se uniu, com sua encarnação, a todo ser humano. Especifica o texto "de certo modo" (*quodam modo*) sem dúvida para não comprometer o caráter abso-

---

78 Cf. VON BALTHASAR, H.U. *Teodramatica – 3*: Las personas del drama; el hombre en Cristo. Madri, 1993, p. 190-195.

79 GS 41.

lutamente único e irrepetível da união hipostática. Não dispomos de um termo, de uma fórmula, para expressar essa verdade; daí a imprecisão, certamente não casual, da formulação. Mas, o Concílio nos recorda uma verdade importante, com nítidas raízes no Novo Testamento (cf. Mt 25,31ss.). A teologia patrística desenvolveu esta ideia com muita diversidade de nuanças. Eu me contentarei em citar uma passagem de São Cirilo de Alexandria, em seu comentário sobre o Evangelho de São João (especificamente Jo 1,14):

> Afirma [...] que o Verbo também habita em nós, revelando-nos também este sublime mistério. Porque todos somos em Cristo, e a pessoa comum da humanidade goza nele de sua vida [...]. Assim o Verbo habitou em nós de maneira que depois de ter-se formado um único Filho de Deus em poder, sua dignidade se derramasse, segundo o Espírito de santidade (cf. Rm 1,4), em toda a humanidade e, assim, por meio de um de nós, chegássemos àquelas palavras: "Deuses sois todos vós e filhos do Altíssimo" (Sl 82,6; Jo 10,34) [...]. Acaso não é nítido para todos que se abaixou à natureza de servo, sem obter nenhum proveito desta condição, mas que se entregou a si mesmo por nós para que fôssemos enriquecidos com sua pobreza (cf. 2Cor 8,9) e, elevando-nos, mediante a semelhança com Ele, a seu próprio e inefável bem, nos tornássemos, por meio da fé, deuses e filhos de Deus? Habitou em nós o que é por natureza Filho de Deus. Por isso, em seu Espírito, clamamos "*Abba*, Pai" (Rm 8,15; Gl 4,6). O Verbo habita em todos, em um templo, isto é, no que assume de nós e por nós, de maneira que nos contendo a todos nele, reconciliasse a todos em um único corpo, como disse Paulo[80].

---

[80] CIRILO DE ALEXANDRIA. *In Johannis Evangelium* I 9 (PG 73, p. 161-164). Alguns textos de Hilário de Poitiers são especialmente nítidos a esse respeito: *Tr. Ps.*, 51,16 (CCL 61,104): "naturam in se uniuersae carnis adsumpsit"; 54,9 (146): "uniuersitatis nostrae caro est factus".

Dois pontos importantes se encontram aqui em íntima conexão. Por um lado, o Filho encarnado constitui o princípio da humanidade e seu único fundamento. Jesus é o ser humano por excelência, nele se realiza em perfeição o desígnio de Deus sobre a humanidade e a partir desta plena realização tem sentido toda a humanidade. Todos os seres humanos participam desta plenitude, e são seres humanos porque participam dela. A realização da humanidade está no seguimento de Jesus, na participação em sua missão. A "humanidade" de cada um cresce na medida em que aumenta a união com Cristo. A participação nesta plenitude de Cristo tem seu fundamento no fato de que o Filho de Deus, assumindo a concreta humanidade de Jesus, se uniu misteriosamente a cada um de nós. A dignidade que a pessoa divina do Filho outorga à humanidade assumida se nos comunica também a nós, porque a todos se uniu ao fazer-se ser humano e compartilhar nossa condição. Todo ser humano está, portanto, em uma misteriosa relação com Cristo. A teologia deverá investigar, todavia, para desentranhar este mistério, para iluminar o sentido desta união do Filho com toda a humanidade e com cada um de nós[81], que, certamente, não significa que a humanidade de cada um de nós seja personalizada pelo Verbo. Como o texto de Cirilo de Alexandria insinua nitidamente, tem aí uma função o Espírito Santo. O Espírito de santidade que emana de Cristo se derrama para formar um único corpo. O Verbo é a luz que, ao vir a este mundo, ilumina a todo ser humano (cf. Jo 1,9), e todos recebemos de sua plenitude. De acordo com o que dissemos, esta expressão pode aplicar-se de alguma maneira à condição criatural humana, embora seja evidente que adquire seu sentido mais completo ao considerar a abundância

---

81 Esta formulação do Vaticano II é mais concreta do que a dos antigos Padres. Insiste na união com cada um dos seres humanos, e não apenas em abstrato com toda a humanidade. Além disso, acrescentam-se as condições concretas em que Cristo viveu a semelhança dos outros seres humanos: "Trabalhou com mãos de um ser humano, pensou com inteligência de ser humano, agiu com a vontade de ser humano, amou com coração de ser humano" (GS 22).

dos dons sobrenaturais que o Senhor nos concede ao nos tornar partícipes de sua própria vida divina.

Em Cristo, Verbo de Deus encarnado, temos assim a realização mais plena do ser humano. Se, como temos ressaltado, a encarnação não significa a diminuição nem o desaparecimento da natureza humana, mas sua máxima realização, igualmente, em cada um de nós, a proximidade de Cristo significa o maior crescimento possível de nosso ser criatural enquanto distinto de Deus, embora dependente dele. O cristocentrismo cristão, tal como observamos na antiga tradição da Igreja e nas modernas tentativas da teologia católica, não anula o ser humano quando sublinha sua referência a Cristo. O grande mérito dos teólogos aos quais nos referimos foi o de manter unidas, em sua essencial diferenciação, a criação e a encarnação. O fato de que a segunda dá sentido à primeira nos mostra a profunda unidade do desígnio de Deus, que em Cristo tem seu único centro, e que abarca desde a criação até a consumação final. Mas, há algo mais que uma unidade de desígnio. Já na criação e na conservação de tudo mediante seu Verbo, nos disse o Concílio Vaticano II, Deus dá aos seres humano testemunho perene de si (DV 3). Na criação do mundo, e do ser humano em particular, Deus começa já a sair de si e a expressar-se, ao mesmo tempo, cria as condições para a plenitude de sua manifestação. Esta se dá, portanto, na natureza que Deus quis outorgar ao ser humano, não apesar dela, nas potencialidades de seu ser que Deus lhe deu no momento de criá-lo, não na anulação das mesmas. Embora seja evidente, por outro lado, que somente Deus pode colocar em ação essas possibilidades. Por isso, seria contraditório considerar Deus e o ser humano como rivais ou adversários. Pensar a Cristo como o ser humano perfeito ou à criação como gramática da revelação divina significa a máxima valorização da natureza e, em caso algum a sua eliminação. Neste sentido, a teologia não pode prescindir do diálogo com a filosofia ou as ciências humanas e suas contribuições podem enriquecê-la. Do fato de que tudo foi criado por meio de Cristo e em vista de Cristo não pode, de modo algum, deduzir-se que a partir de Cristo podemos conhecer todos os conteúdos concretos desta realidade que somente a partir dele tem sentido. Além disso, o esforço humano para conhecer e aprofundar a verdade que lhes é dado alcançar com seus meios naturais não pode não ajudar à compreensão da mensagem cristã. João Paulo II afirmou, em sua encíclica *Fides et Ratio,* 73, que, se a palavra de Deus é Verdade (cf. Jo 17,17), a busca humana da verdade deverá ajudar na compreensão desta mesma palavra. A encíclica se refere concretamente no contexto à filosofia, mas não devemos excluir que o princípio estabelecido se possa aplicar a outras ciências ou campos de estudos a ela conectados. Também o melhor conhecimento da "gramática" pode nos ajudar a penetrar melhor a mensagem que com ela se nos comunica. O que a sabedoria dos séculos nos diz sobre o ser humano não é indiferente à antropologia cristã. Os Pais da Igreja desde os primeiros tempos se serviram da filosofia grega, embora em medida diversa e com acentos diferentes. O ser humano não recebe de Cristo sua primeira ideia sobre Deus; este pode ser conhecido desde sempre a partir da criação (Sb 13,1-9; Rm 1,19-20). A vinda de Cristo foi preparada pela revelação do Antigo Testamento, e ele mesmo se referiu expressamente a ela. De maneira semelhante, muitas verdades sobre o ser humano conhecidas antes da aparição do cristianismo puderam ser assumidas por este último. Decisivo é, em todo caso, que a revelação de Cristo e sua própria pessoa dão a essas verdades seu sentido mais pleno, as iluminam com uma nova luz, as purificam de mesclas de erro ou de perversão. Não em vão o Concílio Vaticano II, a cujo ensinamento fundamentalmente nos referimos, falou de Cristo como novo ser humano, ao mesmo tempo como o ser humano perfeito[82]. Os dois aspectos vão juntos. É uma

---

82 *Cristo, o novo ser humano* é o título do n. 22 ao qual estamos nos referindo. Precisamente para sublinhar a novidade que a aparição de Cristo comporta, esse título foi colocado no lugar do que havia sido previsto: *Cristo, o homem perfeito.*

recordação perene do fato de que a "perfeição" de Jesus é a daquele que foi aperfeiçoado no sofrimento e na obediência ao Pai (cf. Hb 2,10; 5,8-9), para neutralizar os efeitos da desobediência de Adão. Devemos dar todo peso a essa dimensão da perfeição de Jesus que encontramos no Novo Testamento. O primeiro Adão tem sentido em referência ao segundo, mas não foi pacífico o caminho que levou de um ao outro. No meio se situou o pecado do ser humano, sua rejeição aos desígnios divinos. Por essa razão a cruz esteve no caminho de Cristo, aceita livremente em obediência ao Pai. A perfeição do ser humano, no seguimento de Cristo, implica também a aceitação do sofrimento. Por isso, prossegue a *Gaudium et Spes,* 22: "Nele Deus nos reconciliou consigo (cf. 2Cor 5,18; Cl 1,1. 20-22) e conosco e nos libertou da escravidão do diabo e do pecado, então qualquer um de nós pode dizer como o Apóstolo: *O Filho de Deus me amou e se entregou a si mesmo por mim* (Gl 2,20). Padecendo por nós nos deu exemplo para que seguíssemos seus passos (cf. 1Pd 2,21; Mt 16,24; Lc 14,27) e, também, abriu o caminho, com cujo seguimento a vida e a morte se santificam e adquirem sentido novo". Portanto, não é surpreendente que nos fale, em seguida de dois aspectos, ligados entre si, que significam, cada um a seu modo, a salvação e a plenitude do cristão: a conformação com a imagem do Filho, primogênito entre muitos irmãos, e a configuração com sua morte para chegar à ressurreição[83]. Trata-se do seguimento concreto de Cristo tal como os evangelhos nos apresentam.

Cf. GERTLER, T. *Jesus Christus: Die Antwort der Kirche auf die Frage nach dem Menschsein* – Eine Untersuchung zu Funktion und Inhalt der Christologie im ersten Teil der Pastoralkonstitution "Gaudium et Spes" des Zweitens Vatikanischen Konzils. Leipzig, 1986. Já vimos que no texto aparece essa expressão, que se repetirá no n. 41.

83 GS 22,4: "O cristão, conformado com a imagem do Filho, que é o primogênito entre muitos irmãos (cf. Rm 8,29; Cl 3,10-14), recebe *as primícias do Espírito* (Rm 8,23), as quais o capacitam a cumprir a nova lei do amor [...]. Urge ao cristão a necessidade e o dever de lutar, com muitas tribulações, contra o demônio e inclusive padecer a morte. Mas, associado ao mistério pascal, configurado com a morte de Cristo, será fortalecido pela esperança na ressurreição (cf. Fl 3,10; Rm 8,17)".

A antropologia cristã não nos oferece apenas a imagem do "ser humano cristão", mas a visão cristã do ser humano. Todo ser humano foi criado à imagem e semelhança de Deus, e a vocação para reproduzir a imagem do Cristo ressuscitado também pertence a todo ser humano. Há somente uma origem do ser humano e, também, uma meta e uma salvação possível para todos os seres humanos. É a consequência direta da mediação universal de Jesus, inúmeras vezes explicitamente afirmada no Novo Testamento (cf. 1Tm 2,4.6; Hb 4,12; Jo 14,6 etc.). Também a Constituição *Gaudium et Spes* ecoa esta verdade fundamental[84]. Por isso, uma vez que "Cristo morreu por todos (cf. Rm 8,32) e a vocação última do ser humano é, na realidade, uma só, isto é, divina [...] devemos acreditar que o Espírito Santo oferece a todos a possibilidade de que, na forma de Deus conhecida, sejam associados a esse mistério pascal"[85]. Esta nota de universalidade não pode passar despercebida ao tratar da antropologia cristã. Tem de ser vista em relação com um ponto que deixamos propositalmente indefinido: se trata da condição filial do ser humano.

2.3.2 A filiação divina do ser humano

Já no início do texto citado nos dizia que Jesus manifesta o ser humano ao próprio ser humano "na mesma revelação do mistério do Pai e de seu amor". Estas palavras merecem um comentário. Em sua revelação de Deus como seu Pai, Jesus se mostra, de uma maneira muito peculiar, como Filho. Dentro da multiplicidade de títulos cristológicos do Novo Testamento, o "Filho" ou "Filho de Deus" foi considerado, desde os primeiros tempos e em toda a tradição da Igreja, como aquele que melhor expressou a identidade última de Jesus. Pode-se compreender facilmente a razão dessa preferência: é o

---

84 Cf. sobretudo GS 10; 45.

85 GS 22,5. Em outras ocasiões na constituição, com expressões diversas, fala-se da vocação divina como a única para todo ser humano. Cf. GS 24; 29; 92.

título que mostra mais diretamente a relação única e irrepetível que teve Jesus com Deus. Desde o Antigo Testamento já se podia pensar que é precisamente essa relação que determina o ser mais profundo de cada ser humano, criado à imagem e semelhança divina. E falando do futuro Messias, do descendente de Davi, já se falou concretamente sobre sua filiação divina (cf. 2Sm 7,14; 1Cr 22,10; Sl 2,7; 89,27). A mesma metáfora da paternidade e da filiação usou-se para expressar a predileção de Deus pelo povo da aliança (cf. Ex 4,22-23; Dt 14,1-2; 32,5-6; Is 1,2-3; 30,1-9 etc.). Na vida de Jesus a paternidade divina e, consequentemente, sua própria filiação, adquirem novas conotações, que já aparecem durante o tempo de sua existência terrena (a invocação a Deus como *Abba*) e são reveladas, sobretudo, a partir da ressurreição. Assim, nos escritos de João pode-se falar de Jesus como Filho único (cf. Jo 1,14.18; 3,6.18; 1Jo 4,9). Mas, não obstante, este Filho unigênito ensinou seus discípulos a chamar a Deus de "Pai" e a considerar-se seus filhos (cf. Mt 6,42 = Lc 12,30; Mt 5,43.48; Lc 6,32; 12,32 etc.), embora a relação filial de Jesus com Deus e a nossa nunca são equiparadas no Novo Testamento. A revelação do ser humano que Jesus faz ao revelar Deus como Pai é, consequentemente, a revelação do chamado à filiação divina, em participação na filiação original de Jesus. Podemos fazer aqui uma consideração antropológica paralela à cristológica que fizemos há pouco: entre as muitas expressões que o Novo Testamento usa para expressar a condição do novo ser humano salvo por Jesus, que é o novo ser humano por excelência, destaca-se, precisamente por causa da vinculação a Cristo e a Deus Pai ultimamente, a de "filho de Deus". A identidade última de Jesus é a de Filho de Deus; esta é também a nossa identidade, na participação, por pura graça e dom divino, na filiação original e irrepetível de Cristo. Ao mesmo tempo que unigênito, Ele é o primogênito entre muitos irmãos (cf. Rm 8,29). O poder do amor divino faz com que essas duas coisas aparentemente contraditórias sejam perfeitamente compatíveis. Em sua encarnação, o Filho se faz irmão dos seres humanos; quem nele crer nasceu de Deus, foi gerado para uma nova vida, e é assim, num sentido muito real, filho de Deus (cf. 1Jo 2,29–3,1; 3,9-10; 4,7; 5,1.4.18). A filiação divina é possibilitada pelo Espírito Santo, o Espírito de Deus e de Cristo, que habita em nós e no qual podemos clamar "*Abba*, Pai" (cf. Rm 8,15; Gl 4,6), como Jesus (cf. Mc 14,36)[86]. A esta filiação divina em Jesus são chamados todos os seres humano sem exceção. GS 22, em conexão imediata com o que temos apontado sobre a possibilidade que o Espírito Santo dá a todos de serem incorporados ao mistério pascal, conclui: "Este é o grande mistério do ser humano que a revelação cristã esclarece aos fiéis [...]. Cristo ressuscitou, com sua morte destruiu a morte e nos deu vida para que, filhos no Filho, clamemos no Espírito: *Abba*, Pai (Rm 8,15; Gl 4,6)"[87].

Nunca colocaremos suficientemente em relevo a conexão entre a paternidade divina e nossa consequente filiação e a fraternidade entre os seres humanos. Deus age como Pai de todos quando faz chover e sair o sol sobre os justos e os pecadores, isto é, sobre todos (Mt 5,45). Podemos encontrar muitas razões para pensar na unidade da grande família humana. Podemos fundamentar-nos na comum descendência de "Adão" (sem entrar agora na questão de como se deve interpretar esta origem), na natureza social que nos caracteriza, ou nos múltiplos

---

86 Sobre esta questão, cf.: LADARIA, L.F. *Teología del pecado original e de la gracia.* Madri: BAC, 2004, p. 236-244.

87 COMISSÃO TEOLÓGICA INTERNACIONAL. *Teología; Cristología; Antropología,* I E 3, p. 253: "O ser humano, criado à imagem e semelhança de Deus, é convidado à comunhão da vida com Deus, que é o único que pode satisfazer os desejos mais profundos do ser humano. A ideia de deificação alcança seu ponto culminante na encarnação de Jesus Cristo: o Verbo encarnado assume nossa carne mortal para que nós, libertados do pecado e da morte, participemos da vida divina. Por meio de Jesus Cristo, no Espírito Santo, somos filhos e somos coerdeiros (cf. Rm 4,17), 'participantes da natureza divina' (2Pd 1,4). A divinização consiste nesta graça, que nos liberta da morte do pecado e nos comunica a mesma vida divina: somos filhos e filhas no Filho". Segundo o ensinamento dos Pais da Igreja, o Filho de Deus se tornou o filho do ser humano para que os seres humanos pudessem se tornar, nele, filhos de Deus. Cf. p. ex., IRINEU DE LYON. *Adv. Haer.*, III 10,2; 19,1 (SCh 211, p. 116-118; 374).

laços com os quais os seres humanos e os países, mesmo distantes geograficamente, encontram-se ligados hoje para o bem ou para o mal. Nenhum desses motivos, por mais significativos que sejam, podem fundar a verdadeira fraternidade entre todos os seres humanos. Esta se baseia somente na paternidade divina, que deriva, para nós seres humanos, da nossa união com Jesus, o único que é Filho por natureza. Que sejamos todos nós um só corpo nele constitui o desígnio divino sobre o gênero humano, "fazer com que tudo tenha Cristo por Cabeça, o que está no céu e o que está na terra" (Ef 1,10)[88]. Este é o vínculo mais forte de unidade entre os seres humanos que podemos pensar. Nesta comum vocação em Cristo a sermos membros de seu único corpo se encontra o vínculo mais profundo de solidariedade entre os seres humanos. Nossa relação filial com o Pai, na união com Jesus, só pode ser vivida na fraternidade entre os seres humanos. Jesus chama seus discípulos de irmãos (cf. Mc 3,34-35 par.; Mt 25,40; 28,10; Jo 20,17; cf. Rm 8,29; Hb 2,11.12.17). Em Jesus, portanto, funda-se uma nova relação entre nós, precisamente a da fraternidade. A vocação divina do ser humano em Cristo é única e todos os seres humanos são chamados a ela. O destino último da humanidade não pode separar-se da condição filial de todos em relação a Deus Pai de Jesus, cuja paternidade divina abrange a tudo (cf. Ef 3,14; 4,6). Por essa razão, não podemos invocar Deus como Pai se não nos comportamos como irmãos com nossos semelhantes[89]. O próprio Jesus insinua uma semelhança entre a união das pessoas divinas e a união dos seus discípulos entre si e com a Trindade: "Que todos sejam um. Como Tu, Pai, em mim e eu em

---

88 *Ad gentes*, 7: "Assim, ao final se cumpre o desígnio do Criador, que criou o ser humano à sua imagem e semelhança, quando todos os que participam da natureza humana, regenerados em Cristo pelo Espírito Santo, contemplando juntos a glória de Deus, podem dizer 'Pai nosso...'"

89 *Nostra Aetate*, 5: "Não podemos invocar a Deus como Pai de todos se não queremos nos conduzir como irmãos com alguns seres humanos, criados à imagem de Deus. A atitude do ser humano para com Deus Pai e a relação do ser humano para com os seres humanos seus irmãos estão de tal maneira unidas que, como diz a Escritura, quem não ama não conheceu a Deus (1Jo 4,8)".

ti, que eles também sejam um em nós [...]. Eu lhes dei a glória que tu me deste, para que eles sejam um como nós somos um" (Jo 17,21-22). O Concílio Vaticano II, ecoando essa ideia, assinala que, em virtude dessa semelhança, o ser humano não pode encontrar sua perfeição a não ser com a entrega aos demais[90].

2.3.3 Cristo, medida do ser humano

A filiação divina do ser humano e a consequente relação de fraternidade com os outros constituem a novidade radical da antropologia cristã. Fundada na novidade de Cristo, no desígnio divino de salvar a todos nele, é por essa razão deduzível a partir de qualquer pressuposto humano que podemos imaginar. Mas, isso não significa que esse destino último vem ao ser humano "a partir de fora". Pelo contrário. Corresponde ao que, desde a eternidade, estava no plano de Deus e começou a atuar no primeiro instante da criação. Por isso, não é plenamente satisfatória, do ponto de vista cristão, qualquer definição do ser humano que não contemple diretamente esta finalidade última à qual se destina. "No próprio conceito do ser humano deve ter espaço para os desígnios de Deus sobre ele"[91]. Caso contrário, não alcançamos as profundezas do único ser humano que existe, o único que Deus desejou e criou. Precisamente por isso, porque a criação de tudo está em Cristo, e porque o ser humano traz desde o primeiro instante o traço de Cristo, pode descobrir e tem descoberto de fato na história, mesmo sem conhecer a revelação de Cristo, verdades que o iluminaram sobre a dignidade de seu ser, seu destino transcendente, sua superioridade em relação ao mundo que o rodeia, a lei moral escrita no mais profundo de seu coração[92]. O

---

90 Cf. GS 24.

91 ORBE, A. *Antropología de San Ireneo.* Madri, 1969, p. 20.

92 GS 12: "Os crentes e não crentes geralmente estão de acordo neste ponto: todos os bens da terra devem ser ordenados em função do ser humano, centro e ápice de todos eles". Cf. Ibid., 14-18. • JOÃO PAULO II. *Fides et Ratio,* 67: "Ao conhecimento de si mesmo que vem ao ser humano a partir da fé em Jesus, que sozinho nunca poderia alcançar, não pode não encontrar, por outro lado, um profundo eco em seu coração, que nem mesmo o pecado e o poder do mal conseguiram silenciar completamente. No amor a Deus e aos irmãos que chega até dar a vida por eles, na mensagem das bem-aventuranças – autorretrato de Cristo[93] – e do amor aos inimigos, na sinceridade e integridade que caracterizam toda a sua vida, o ser humano descobre o modelo a seguir para sua própria realização, por mais que seja, ao mesmo tempo, bem consciente da distância que separa este ideal e sua vida concreta.

A visão do ser humano que a mensagem cristã nos propõe, porque encontra precisamente seu centro em Jesus, que veio ao mundo para nos salvar, nos mostra um compromisso de proximidade e solidariedade com o ser humano, com o ser humano todo e com todo ser humano. Estas são as preocupações que emergem dos primeiros capítulos da Constituição Pastoral *Gaudium et Spes*[94], ainda hoje um dos pontos de referência obrigatórios se quisermos falar teologicamente sobre o ser humano e o mais importante testemunho que a Igreja deu sobre sua visão de ser humano no último século. Não há nada de verdadeiramente humano que não encontre eco no coração dos discípulos de Cristo, porque nada de verdadeiramente humano deixou de encontrar eco no coração do Senhor. A primazia do ser humano, inclusive sobre o sábado e a lei, está no coração do próprio evangelho. Nesse sentido, a visão cristã do ser humano pode ser considerada um humanismo, porque considera o ser humano o centro do mundo, ao mesmo tempo em que acrescenta ainda que

---

estudar a revelação e sua credibilidade, juntamente com o correspondente ato de fé, a teologia fundamental deverá mostrar como, à luz do conhecimento pela fé, manifestam-se algumas verdades que a razão já capta em um caminho autônomo de investigação. A Revelação confere a essas verdades a plenitude de sentido, no qual elas encontram seu fim último".

93 Cf. JOÃO PAULO II. *Veritatis Splendor* 16.

94 Cf. GS 1-22.

o ser humano é a única criatura deste mundo que Deus amou por si mesma[95].

Mas, há também uma diferença radical: se o humanismo proclama que o ser humano é a medida de todas as coisas, o cristianismo proclama que há também uma medida do ser humano, Jesus. Uma medida que o ser humano não colocou a si mesmo, porque o Filho de Deus feito ser humano é o grande dom de Deus, que pode vir somente pela livre iniciativa do Pai. É a medida que Deus estabeleceu para chegarmos à perfeição de nós mesmos. Mas, é uma medida que não se mostra alheia a nós, nem exterior, mas é a medida de alguém que viveu mais radicalmente a comunhão com os seus semelhantes a ponto de morrer, Ele, cordeiro sem defeito, pelos pecados que nós cometemos. Com nenhum outro ser humano podemos ter a proximidade que temos com Ele, que vive em nós de maneira mais profunda do que nós mesmos (cf. Gl 2,20). Por outro lado, a medida do ser humano é o que é a imagem do Pai (cf. Cl 1,15; 2Cor 4,4), o Deus a quem ninguém viu, mas que o Filho unigênito nos deu a conhecer (cf. Jo 1,18). Jesus, portanto, nos remete ao Deus que somente Ele nos dá a conhecer como critério último do que devemos ser. A revelação cristã concretizou e encheu de conteúdos a afirmação de Gênesis, "à imagem de Deus os criou, macho e fêmea os criou" (Gn 1,27). A criatura imagem de Deus, chamada à participação em sua vida, este é o paradoxo do ser humano, um ser que não pode alcançar sua plenitude senão naquele que radicalmente o ultrapassa, que se frustra na medida em que fica fechado em suas próprias possibilidades e em seus horizontes. Não há para ele outra perfeição possível, fora daquela que o leva para além de seus limites e, consequentemente, que só pode ser recebida gratuitamente, como dom de Deus. Para alcançar a plenitude do seu ser, o ser humano não basta a si mesmo, ele tem de entregar-se a Deus e confiar nele. Ele terá de abrir-se à

---

95 Cf. GS 24.

esperança, e "quem reclama algo que lhe é devido não espera; dado que se me deve algo, o exijo como um direito"[96]. É o paradoxo do ser humano de que falava H. de Lubac[97]. O mais profundo de nós mesmos é puro dom e pura gratuidade. Nossa própria existência é dom porque somos criaturas de Deus, é dom o chamado à filiação divina em Cristo que determina ultimamente nossa identidade. Não "somos" antes que Deus nos chame à comunhão com Ele, mas nosso ser pessoal está constituído por seu chamado à comunhão com Ele e a compartilhar a missão de Cristo[98]. O mais íntimo de nós é o que menos nos pertence, e aqui também é imprescindível a referência cristológica: o ser pessoal de Cristo, que é o Filho de Deus, está constituído por sua relação ao Pai e ao Espírito Santo. Em nossa condição de criaturas e pessoas humanas não somos pura referência a Deus e aos outros, o que é demonstrado, entre outras coisas, pelo fato de que nós podemos nos fechar ao amor de Deus e dos irmãos. Há em nós uma tensão inevitável entre nos autocentrarmos e nos abrirmos aos demais. Mas isso não significa dizer que o caminho que leva à plena realização de quem somos não está claro. Nosso ser pessoal, enquanto chamados à filiação divina no Filho unigênito, encontrará a sua plenitude somente na livre entrega a Deus e aos seres humanos, na vida de filiação e de fraternidade, dimensões, como sabemos, inseparáveis. O Espírito de Deus e de Cristo, dom do Ressuscitado, é o que torna possível a nossa total doação a Deus e aos seres humanos, nos liberta de nós mesmos para a vida na liberdade dos filhos de Deus; Ele é o

---

96 HILÁRIO DE POITIERS (?). *Tr. Ps.*, 15,4 (PL 9,893).

97 LUBAC, H. *Le mystere du surnaturel*. Paris, 1965, p. 209: "Se é verdade que esta visão de Deus por essência é o nosso destino efetivo, é, portanto, o bem para o qual, de uma forma ou de outra, tende o desejo de nossa natureza; como pode então ser gratuita? Segunda antinomia, que é adicionada à primeira: somos criaturas, e nos foi prometido que veremos a Deus. O desejo de vê-lo está em nós, é nós mesmos e, no entanto, não é preenchido senão como um presente".

98 Para este ponto de vista são essenciais as reflexões de H. Lubac (Ibid., p. 105-109). O mesmo cita um texto interessante de Santo Agostinho a respeito (*Conf.* I 20,1): "Ista omnia Dei mei dona sunt, et bona sunt, et haec omnia ego".

princípio para nossa livre resposta ao chamado divino, como também guiou Jesus em seu caminho histórico e humano em direção ao Pai. No Espírito de Cristo podemos clamar Deus de "Pai" (Rm 8,15; Gl 4,6); nossa vida filial no Espírito significa a plenitude do nosso ser pessoal, ao conformarmos com Jesus, que, no exercício máximo de sua liberdade, também humana, se entregou por nós até a morte.

Somente naquilo que nos ultrapassa está, portanto, a perfeição do ser humano. Os Pais da Igreja haviam intuído isso quando viram que sem o Espírito de Deus, realidade divina e transcendente, os seres humanos não poderiam chegar a ser eles mesmos: Assim Santo Irineu escreve: "Chama perfeitos aqueles que receberam o Espírito de Deus [...]. Unindo-se este Espírito, mesclado com a alma, ao corpo, dá lugar, graças à efusão do Espírito, ao ser humano espiritual e perfeito. Tal é o ser humano criado à imagem e semelhança de Deus (cf. Gn 1,26)"[99]. E um pouco mais adiante: "Três são, segundo anunciamos, os elementos que constituem o ser humano perfeito: carne, alma e espírito. Um, o espírito, salva e configura; o outro, a carne, é unido e configurado. Ao passo que a alma, que media entre eles, quando segue o Espírito é elevada por Ele, e quando segue a carne sucumbe às concupiscências terrenas"[100]. Não nos interessam agora todos os detalhes dessas passagens ou outras semelhantes que poderíamos acrescentar[101]. Estamos interessados apenas em destacar dois elementos: por um lado, a novidade da antropologia cristã, que, aceitando a noção de filosófica do ser humano como composto de

---

99 *Adv. Haer.*, V 6,1.

100 Ibid., V 9,1. Para um comentário exaustivo a esses textos, cf. ORBE, A. *Teología de San Ireneo*, I. Madri/Toledo, 1985, p. 291-297, 406-415.

101 Sobre o sentido dessa distinção, cf. CCE 367, em que se precisa que o "espírito" significa, nesse contexto, o ordenamento do ser humano à ordem sobrenatural a partir do momento de sua criação e, consequentemente, da capacidade de sua alma da elevação gratuita à comunhão com Deus. É evidente, portanto, que não se trata de uma dimensão puramente antropológica, mas da vocação divina do ser humano, que não é posterior à sua criação, e, pelas razões já indicadas, é um aspecto constitutivo da identidade de cada ser humano.

corpo e alma, não se satisfaz com ela, porque não fica explicitado o elemento divino que, como puro dom e sem que sua transcendência seja, de modo algum, desconhecida, também constitui o ser humano perfeito (*intimior intimomeo*, dirá Santo Agostinho em outra perspectiva, mas com uma preocupação fundamental similar). Somente o Espírito pode conduzir o ser humano para além de si mesmo até a glória da ressurreição à semelhança de Cristo. Em segundo lugar, a responsabilidade e liberdade do ser humano, que recebeu de Deus o dom de poder inclinar-se para o sublime ou para o terreno, para o espiritual ou para o carnal. Por outro lado, sendo evidente que a segunda opção não o liberta propriamente, mas o faz recair na escravidão do pecado e das paixões, e que somente a aceitação da vida segundo o Espírito o coloca no caminho da verdadeira liberdade. Essas passagens de Santo Irineu nos mostram nitidamente, por outro lado, qual é o sentido da liberdade humana: esta é, acima de tudo, a capacidade de aceitação ou de rejeição do dom do próprio Deus que se nos faz em Cristo. Em todo exercício que o ser humano faz de sua liberdade, em maior ou menor medida, nos movemos no âmbito deste horizonte último de nossa responsabilidade diante de Deus. Esta é a capacidade de autodeterminação que o ser humano possui, que o configura na sucessão de opções concretas. Aparece, assim, um novo sentido de liberdade e responsabilidade humanas, que em último termo só se explicam a partir de sua dimensão e destino transcendente. O ser humano é livre acima de tudo diante de Deus e diante dele deve responder por suas ações e omissões.

2.4 Conclusão

É hora de recapitular. Não há dúvida de que o cristianismo, que coloca a pessoa humana no centro de sua preocupação e defende seu valor único acima das coisas que nos cercam, tem muitos elementos em comum com visões antropológicas de diferentes índoles que compartilham o interesse pelo ser humano e defendem sua dignidade e seus direitos. Uma ampla margem de cooperação em muitos níveis se abre para os cristãos neste domínio, mesmo com aqueles que não compartilham nossa fé. Mas, o conhecimento de Cristo, Filho de Deus feito humano, nos oferece uma visão do ser humano que abre um novo horizonte a tudo que há de valioso em outras concepções e àquilo que o ser humano em seu esforço pôde descobrir. Mostra-nos sobretudo a relação essencial com Deus, na qual todo ser humano se encontra, não só porque foi criado por Ele, mas porque foi criado à sua imagem e semelhança, chamado a ser Filho em Jesus, imagem perfeita do Pai, e participar na glória de sua ressurreição. A encarnação do Filho confere à humanidade sua máxima dignidade, Jesus uniu-se a todo ser humano, de uma maneira especial nos pequenos e nos pobres. Daí o respeito fundamental que merece o ser humano, o ser humano todo e todo ser humano, chamado a ser o filho de Deus e templo do Espírito. Filho de Deus e irmão de Cristo, que não se envergonha de nos chamar de irmãos (Hb 2,11-12), numa fraternidade que não conhece fronteiras, como não as conhece a paternidade de Deus. O cristão também sabe que tudo o que tem e, mais ainda, tudo o que é, é puro dom de Deus que só pode aceitar em gratidão e confiança. Mas, ao mesmo tempo, é consciente de que é responsável por si e também, em sua medida, dos demais, que é livre para abrir-se ao dom e à graça de Deus ou também para fechar-se a ela, com a qual, paradoxalmente, destrói sua própria liberdade. Ele sabe que salva sua vida enquanto a entrega, que nunca será mais ele mesmo exceto quando se doa àqueles que o rodeiam. Que ele deve deixar-se guiar pelo Espírito para chegar aonde deve, mas que nem por isso é escravo de uma força externa que o despersonaliza; pelo contrário, somente assim vive na liberdade dos filhos de Deus. Que ele tem um único ponto de referência nítido e preciso em Jesus, ser humano perfeito, que em obediência ao Pai entregou sua vida, morreu por nossos pecados e ressuscitou para nossa justificação (cf. Rm 4,25); o mesmo Jesus que nos convida a tomar a cruz e segui-lo para participar da sua glória. Uma pessoa, não uma ideia, é o centro da antropologia cristã. Aqui está a sua novidade mais radical e definitiva. Inácio de Antioquia o intui de maneira insuperável quando, diante do iminente martírio, percebeu que a configuração com Jesus em sua morte é a realização máxima do ser humano. Suas palavras podem servir como um resumo e um ponto final de nossas reflexões: "Busco aquele que morreu por nós. Quero aquele que ressuscitou por nós [...]. Não impeçais de viver; Não desejeis que morra [...]. Permiti-me alcançar a luz pura. Quando isso acontecer, eu serei um ser humano. Permiti-me ser um imitador da paixão do meu Deus"[102].

---

102 INÁCIO DE ANTIOQUIA. *A los romanos*, 6,1.3 (FP 1,154-157).

3
Salvação de Cristo e salvação do ser humano[103]

3.1 A salvação: Deus e o ser humano a se encontrarem

Quando nos deparamos com a questão da salvação a partir do ponto de vista da fé e da teologia cristã duas perspectivas necessariamente se entrecruzam: a do ser humano frágil e necessitado, que necessariamente pensa em seu bem e em sua plenitude, que não tem em si mesmo tudo aquilo que desejaria e a do dom que Deus nos fazem Cristo. A segunda implica necessariamente uma referência à situação concreta na qual o ser humano se encontra. Caso contrário, seria uma linguagem de difícil, para não dizer impossível, compreensão. A palavra salvação desperta interesse em nós porque nos sentimos necessitados dela. Todos desejamos a libertação dos aspectos negativos da nossa vida, em qualquer caso temos sempre diante de nós o horizonte inquietante da morte. Ao mesmo tempo, nosso anelo de salvação contém o desejo de plenitude dos bens que desfrutamos, dos aspectos positivos de nossa existência, que reconhecemos como tais, mas que sempre vemos marcados pela inerente imperfeição da

---

103 Este capítulo é a reformulação dos artigos "Salvezza di Cristo" e "Salvezza dell'uomo", publicado na revista *Archivio Teologico Torinese*, 11, 2005, p. 35-52, e "El cristianismo, oferta de salvación", publicado em *La Transmisión de la fe: la propuesta cristiana en la era secular* – VI Jornadas de Teología. Santiago de Compostela, 2005, p. 171-195.

condição humana. Por outro lado, não é evidente que todos os seres humanos pensem em salvação de modo unívoco. A diversidade das concepções antropológicas leva necessariamente consigo diversas ideias sobre a plenitude humana. Não podemos vê-la, independentemente do que pensamos sobre o que somos; de onde viemos e para onde vamos, qual é o sentido de nossa liberdade e de nossa responsabilidade. Se pudermos concordar com as interrogações, se pode ser comum a todos o desejo de ver eliminados os aspectos negativos da nossa existência, será mais difícil concordar com os conteúdos positivos que desejamos ver realizados. As palavras do Concílio Vaticano II ainda são interessantes:

> Como criatura, o ser humano experimenta muitas limitações; sente-se, no entanto, ilimitado em seus desejos e chamado a uma vida mais elevada [...]. Além disso, como um doente e pecador, ele com frequência faz o que não quer e deixa de fazer o que gostaria. Por essa razão, ele sente em si mesmo a divisão, que tantas e tão sérias discórdias provoca na sociedade. Há muitos que, marcados em suas vidas pelo materialismo prático, não podem ter a exata percepção desse estado dramático, ou então, oprimidos pela miséria, se encontram impedidos inclusive de levá-lo em consideração. Muitos pensam encontrar o seu descanso em uma interpretação da realidade que é proposta de várias maneiras. Outros esperam somente do esforço humano a verdadeira e plena libertação da humanidade e estão convencidos de que o futuro reinado do ser humano sobre a terra saciará todos os desejos do seu coração [...]. No entanto, diante da atual evolução do mundo, cada dia são mais numerosos aqueles que levantam ou sentem com nova urgência as questões mais fundamentais: Que é o ser humano? Qual é o sentido da dor, do mal, da morte, que apesar de tantos progressos, ainda subsistem? Que o valor das vitórias alcançadas a um preço tão alto? O que o ser humano

contribui para a sociedade e o que ele pode esperar dela? O que há depois desta vida terrena?[104]

Essa pluralidade de concepções e visões do ser humano acompanha a experiência frequente do fracasso das tentativas de chegar à plenitude apenas com nossos esforços. A resposta do Concílio às perguntas é colocada do ponto de vista da fé cristã. "Cristo, morto e ressuscitado por todos" o único salvador, dá ao ser humano a possibilidade de responder à sua vocação. Nele se encontra "a chave, o centro e o fim de toda a história humana"[105].

Entende-se que desde o primeiro momento a constituição pastoral *Gaudium et Spes*, atenta para os problemas humanos, coloca-se desde o primeiro instante sob a luz de Cristo. Porque, se por um lado, é necessário que enfrentemos o problema da salvação tendo presente nossa debilidade e nossa indigência, por outro lado, não podemos esquecer que, quando nos encontramos com Cristo, as expectativas

---

104 GS 10. Transcorridos alguns anos, a Comissão Teológica Internacional ("Cuestiones selectas sobre Dios redentor, I, 1994, p. 30-31 (cf. tb. POZO, C. (ed.). *Documentos 1969-1996*. Madri, 1998, p. 508-509) oferece um diagnóstico com outras nuanças: "O que se encontra é um pluralismo cultural e intelectual, uma vasta gama de diferentes análises da condição humana e uma variedade de maneiras de tentar enfrentá-los. Ao lado de uma espécie de fuga para agradáveis diversões ou às atrações absorventes e transitórias do hedonismo, há um retorno a várias ideologias e novas mitologias. Ao lado de um estoicismo mais ou menos resignado, lúcido e corajoso, encontram-se tanto uma desilusão que tem a pretensão de ser tenaz e realista como um protesto firme contra a redução dos seres humanos e seu ambiente a recursos do mercado que podem ser explorados [...] um fato é, portanto, bastante óbvio na situação contemporânea: *a situação concreta dos seres humanos é cheia de ambiguidades* [...]. Há, por exemplo, em cada indivíduo, por um lado, um desejo de vida, impossível de erradicar e, por outro, a experiência do limite, da insatisfação, do fracasso e do sofrimento. Se for da esfera indivíduo à esfera geral, pode-se ver a mesma imagem em uma tela maior. Também aqui, por um lado, pode-se indicar o imenso progresso feito pela ciência e pela tecnologia, pela difusão dos meios de comunicação e pelos avanços realizados; por exemplo, no domínio do direito privado, público e internacional. Mas, por outro lado, haveria também de indicar tantas catástrofes no mundo e, entre os seres humanos, tanta depravação, cujo resultado é que um número muito grande de pessoas sofre terrível opressão e exploração e tornam-se vítimas indefesas do que, de fato, pode parecer apenas um destino cruel".

105 GS 10.

do coração humano são certamente superadas, mas também, e em muitos casos, transtornadas. Não podemos pensar em um desejo humano que se veja simplesmente satisfeito. Somente no encontro com Cristo podemos ver com nitidez o que significa a salvação que nos traz. O episódio de Paulo no Areópago de Atenas é significativo; ele se apresenta anunciando ao Deus desconhecido que os gregos de alguma maneira puderam vislumbrar, quando começa a falar sobre um ponto central e específico da mensagem cristã da salvação, a ressurreição dos mortos, a sua palavra tropeça com o rechaço (cf. At 17,22-23). Não há um encontro com Cristo sem uma conversão. Já o encontramos nas primeiras palavras da pregação de Jesus que o Evangelho de Marcos transmite: "O tempo se cumpriu e o Reino de Deus está próximo; convertam-se e creem na Boa-nova" (Mc 1,15; cf. Mt 3,17). Para a acolhida do Reino, o objeto da esperança de Israel, para a acolhida do que é definido como Boa-nova, a conversão é necessária. Não há nisso algo de paradoxal? Necessitamos de conversão para que a Boa-nova apareça nitidamente como tal. Temos de mudar nossas mentes para receber o que nos salva. O paradoxo é iluminado se tivermos em mente que, com o mistério da nossa salvação, temos de vê-las com Deus mesmo, que nos é dado em total liberdade e gratuidade, este Deus que, como recordava Santo Agostinho, é sempre muito maior por mais que nós cresçamos[106].

É que a salvação que Deus nos oferece vai muito além de nossas expectativas, visto que não se trata da salvação que queremos receber, mas daquela que Ele quer nos dar. A Comissão Teológica Internacional se expressa nestes termos:

> A redenção se refere a Deus – como autor de nossa redenção – antes que a nós, e apenas porque é assim, a redenção pode verdadeiramente significar libertação para nós e pode ser a Boa-nova da salvação para todo

---

106 *En. in Ps.*, 62,16 (CCL 39,804): "Semper enim ille maior est, quantumque creverimus". A maior proximidade de Deus o faz aparecer sempre como maior.

tempo e para todos os tempos. Isto significa que somente porque a redenção se refere primariamente à gloriosa bondade de Deus e não à nossa necessidade – embora a redenção atenda a essa necessidade –, é uma realidade libertadora para nós. Se a redenção, por outro lado, tivesse que ser julgada ou medida pela necessidade existencial dos seres humanos, como poderíamos evitar a suspeita de termos simplesmente criado um Deus Redentor à imagem de nossa própria necessidade?[107]

É Deus mesmo quem se coloca no centro, portanto, quando tratamos da oferta da salvação cristã que em Cristo se faz presente. Ele que tem de ser acolhido e aceito com a mesma gratuidade com a qual se doa a nós. Que não podemos converter em função de nada, nem mesmo de nossa salvação transcendente, sob pena de não deixá-lo ser Deus e, consequentemente, de ficar nós mesmos fechados em nossas próprias limitações. Aproximamo-nos de Deus porque Ele se aproxima de nós; nós o conhecemos porque Ele nos conhece previamente; podemos ir atrás dele porque Ele nos ensina como fazer isso; nós o buscamos porque Ele já colocou no mais profundo de nossos corações o desejo de encontrá-lo[108]. Este primeiro momento "descendente" do encontro com Deus se faz presente até mesmo no conhecimento que dele podemos ter a partir da criação. Nas coisas

---

107 COMISSÃO TEOLÓGICA INTERNACIONAL. *Cuestiones selectas...* I, 2 [Documentos...,500].

108 ANSELMO DE CANTUÁRIA. Proslogion, I (Opera, I 98): "Domine Deus meus, doce cor meum ubi et quomodo te quaerat, ubi et quomodo te inveniat". • Ibid. (100): "Doce me quaerere Te, et ostende Te quaerenti; quia nec quaerere Te possum nisi Tu doceas, nec inveniri nisi Te ostendas. [...]. Fateor Domine, et gratias ago, quia creasti me in hanc imaginem tuam, ut tui memor Te cogite". • Ibid., 14 (384): "Aut potuit [quis] omnino aliquid intelligere de Te, nisi per lucem tuam et veritatem tuam?". • S. Bernardo. *Liber de diligendo Deo,* VII (PL 182,987): "Nemo quarere te valet, nisi qui prius invenerit. Potes quidam quaeri et inveniri, non tamen praeveniri". Cf. CABADA CASTRO, M. *El Dios que da que pensar – Acceso filosofico-antropológico a la divinidad.* Madri: BAC, 1999, p. 384. • GONZÁLEZ DE CARDEDAL, O. *Dios.* 2. ed. Salamanca: Sigueme, 2004, p. 104-105. • AMENGUAL, G. *La religio en temps de nihilisme.* Barcelona: Cruilla, Barcelona, 2004, p. 108-109.

criadas Deus oferece aos seres humanos um testemunho perene de si mesmo, como ensina o Concílio Vaticano II (*Dei Verbum* 3; cf. Rm 1,19-20). Este testemunho deve ser acolhido. Com maior razão, precisa ser acolhida sua salvação, intrinsecamente ligada a Ele mesmo, como veremos em nossa exposição. O ensinamento paulino da justificação pela fé é um lembrete perpétuo e uma admoestação desse primado absoluto do próprio Deus. Trata-se de acolher, e mais ainda de que Deus nos acolha, permitindo-nos reconciliar com Ele (cf. 2Cor 5,18-20), deixar-nos consolar por Deus para poder-nos consolar aos que se encontram em toda tribulação (cf. 2Cor 1,3-4).

Por outro lado, olhar para essa iniciativa divina é contemplá-la em um desígnio que abraça toda a história, estabelecido antes da existência do mundo, um desígnio que tem Cristo como centro e que ainda não se realizou em plenitude: "Bendito seja o Deus e Pai de Nosso Senhor Jesus Cristo, que nos abençoou com todos os tipos de bênçãos espirituais nos céus, em Cristo, porque nos elegeu nele antes da criação do mundo [...], dando-nos a conhecer o mistério de sua vontade segundo o desígnio benevolente que nele foi proposto de antemão, para realizá-lo na plenitude dos tempos: fazer que tudo tenha Cristo por Cabeça, o que está nos céus e o que está na terra" (Ef 1,3-4.9-10). Não se trata somente de que Deus seja o primeiro na salvação e que seja a sua bondade livremente manifestada para conosco; primeiro há tê-lo presente. É que a salvação do ser humano não afeta apenas cada um de nós, mas é a realização de um desígnio que Deus quer realizar em Jesus Cristo seu Filho, um projeto que começou a ser realizado com a criação e que não terminará até a parusia. A recapitulação de tudo em Cristo é o fim e o objetivo de toda atuação divina *ad extra*. Cristo deve destruir todos os principados, domínios e potestades e tem de reinar até que tenha posto todos os seus inimigos sob os seus pés (cf. Sl 110,1; Hb 10,13), para que Ele possa entregar depois o reino ao Pai e submeter-se a Ele[109] para que Deus seja tudo em todas as coisas (cf. 1Cor 15,24-28). A referência primeira a Deus e não a nós justifica a necessidade de sair de nós mesmos e de nossas categorias e esquemas, para nos colocar na órbita de Deus que em Cristo se revela a nós.

Mas a isso se acrescenta outra razão fundamental, à qual faz referência mais diretamente a necessidade de conversão da qual nos fala o evangelho. A salvação cristã é em uma das suas dimensões fundamentais, certamente não a única, a libertação do pecado. Ainda sem ele e diante de Deus o ser humano seria sempre um ser indigente e débil e, portanto, necessitado de salvação. Mas a tragédia do pecado que arrasta a humanidade desde o início dos tempos acentua, portanto, a necessidade de conversão para a acolhida da Boa-nova. A salvação cristã tem um componente de libertação e redenção[110]. Este fato não faz mais que acentuar a necessidade de aceitar e acolher a salvação que vem de Deus. É mais uma razão para que apareça a impossibilidade de que possamos salvar-nos a nós mesmos. Não podemos fazê-lo, entre outras razões, porque a libertação do pecado e do velho ser humano significa a libertação de nós mesmos[111]. Para alcançar aquilo que somos chamados a ser devemos ser libertados do fardo que nos impede de caminhar. Por um paradoxo cujo alcance

---

109 A submissão nos abre para um tema eclesiológico muito importante. Na teologia dos Pais da Igreja, a submissão de Cristo não é tanto sua submissão pessoal, uma vez que Ele sempre cumpriu a vontade do Pai, mas a do conjunto dos salvos, que constitui a plenitude do corpo de Cristo.

110 SESBOUE, B. *Jesus-Christ l'unique mediateur* – Essai sur la redemption et le salut. 2. ed. Paris, 2003, p. 27: "Na linguagem da Escritura e da tradição eclesial encontraremos estes dois aspectos da nossa salvação: libertação do pecado e divinização. Se o Ocidente sublinhou o lado propriamente redentor, o Oriente se compraz em colocar o acento no lado divinizador. Mas, distinguir não é separar. É evidente que estes dois aspectos, seja qual for a dominante do discurso, formam uma concreta unidade que sempre deverá ser respeitada".

111 Cf. DE LUBAC, H. *Petite chatechese sur Nature et Grace*. Paris, 1980, p. 113: "Para sua salvação o ser humano tem de ser libertado do seu pecado, libertado de si mesmo".

dificilmente compreenderemos totalmente, somente na proximidade e na vinda da salvação a nós percebemos a profundidade de nosso pecado. "Afaste-se de mim, Senhor, que sou um homem pecador", é a reação espontânea de Pedro depois da primeira pesca milagrosa (Lc 5,8, cf. Is 6,5). A proximidade de Deus e, em particular, a de Cristo, em que Deus se manifesta de maneira definitiva, nos torna mais conscientes de nossa indignidade e, consequentemente, de nossa necessidade de sermos salvos. Somente à luz de Cristo nosso pecado aparece diante de nossos olhos em toda a sua gravidade, porque somente a partir dele podemos perceber quem é o Deus cujo amor rejeitamos[112]. A salvação, dom total de Deus, requer aceitação e a cooperação do ser humano. Por isso requer nossa conversão, já que nos separamos de Deus: "Esta afirmação é certa e digna de ser aceita por todos: Cristo Jesus veio ao mundo para salvar aos pecadores" (1Tm 1,15), e os pecadores somos todos os seres humanos, porque "todos pecaram e estão privados da glória de Deus" (Rm 3,21). Sem cairmos no erro "amartiocentrismo", que veria apenas no pecado humano o desencadeamento do mecanismo salvador do amor de Deus, uma vez que este sempre terá a primeira e a última palavra, não podemos esquecer o peso que o pecado humano teve na cruz de Cristo[113], que não conheceu pecado, mas que foi feito pecado por

---

112 GONZÁLEZ DE CARDEDAL, O. *Cristología*. Madri: BAC, 2001, p. 551: "O pecado de Adão se descobre a partir de Cristo, nossas culpas a partir do perdão que Deus nos oferece, e nossa responsabilidade omitidas a partir da nova luz do Espírito. O mundo sob o pecado é justamente o que se declara justo, o que reclama estar isento de culpa. E esse é o supremo pecado (Jo 9,39-41; 15,22). Nesse sentido, o descobrimento do pecado é fruto da redenção". Cf. LADARIA, L.F. *Teología del pecado original y de la gracia*. 4. ed. Madri: BAC, 2004, p. 109: "Na revelação de Jesus aparece claro o amor que os seres humanos rechaçaram. Quem conhece Cristo e aceita a salvação que dele procede faz-se consciente da perdição que significa viver à margem de Cristo".

113 ANSELMO DE CANTUÁRIA. *Cur Deus homo*, I 21 (Opera, II 88), fala do "peso do pecado" (*pondus peccati*), que faz necessária a redenção. Só podemos entender em sua justa medida esse peso se consideramos o amor de Deus que o pecado rechaçou.

nós, para que nele sejamos justiça de Deus (cf. 2Cor 5,19-21); aquele que sobre o madeiro levou nossos pecados em seu corpo para que pudéssemos viver para a justiça (1Pd 2,22-24).

A Boa-nova somente o é para aquele que se deixa ser configurado por ela, para aquele que crê; isto é, aquele que aceita livremente a salvação que Deus nos oferece em Cristo. É o que aparece nitidamente nas palavras de despedida de Jesus segundo o Evangelho de Marcos: "Ide por todo o mundo e proclamai a Boa-nova a toda a criação. Quem crer e for batizado será salvo; aquele que não crer se condenará" (Mc 16,15-16). O anúncio da Boa-nova, o convite para acolhê-la na fé, tem como objeto e como resultado a salvação do ser humano. E uma das primeiras profissões de fé que encontramos no Novo Testamento une indissoluvelmente a aceitação da mensagem do senhorio de Cristo e sua ressurreição dentre os mortos com a salvação daquele que o acolhe e confessa: "Porque se confessa com sua boca que Jesus é o Senhor e crer em seu coração que Deus o ressuscitou dentre os mortos serás salvo. Pois com o coração se crê para obter a justiça, e com a boca se confessa que para conseguir a salvação" (Rm 10,9-10). A salvação brota, em último termo, do amor de Deus que dá ao mundo o seu único Filho, para que aquele que nele crer tenha a vida eterna e o envia não para condenar o mundo, mas para que se salve por meio dele (cf. Jo 3,16-17). E "a prova de que Deus nos ama é que Cristo, sendo nós ainda pecadores, morreu por nós. Com muito mais razão, pois, justificados agora por seu sangue, seremos por Ele salvos da ira! Se quando éramos inimigos fomos reconciliados com Deus por meio da morte de seu Filho, com muito mais razão, estando já reconciliados, seremos salvos por sua vida!" (Rm 5,8-10). O Novo Testamento, como o Antigo Testamento, não pode ser entendido prescindindo da oferta de salvação que Deus faz ao ser humano em um desígnio unitário de amor, que começa com a criação e encontra em Cristo seu ponto culminante.

No encontro com o Senhor somos convidados a olhar para Ele, para o cumprimento de sua obra, do desígnio de Deus de recapitular nele "todas as coisas, as do céu e as da terra" (Ef 1,10). Nossa salvação ocorre dentro do escopo de um projeto no qual o próprio Deus se comprometeu e diante do qual Ele não é indiferente. Cristo deve destruir todos os principados, poderes e potestades, e tem que reinar até que ponha os seus inimigos sob seus pés; quando tudo lhe for submetido se submeterá aquele que tudo que lhe submeteu, para que Deus seja tudo em todas as coisas (cf. 1Cor 15,14-28; Ef 1,13; Sl 110,1). Este projeto de Deus ainda está em fase de realização. A obra de Cristo ainda não foi plenamente realizada, e a salvação de cada um não pode ocorrer exceto no âmbito desse desígnio que abrange toda a humanidade. "Deus, nosso salvador [...] quer que todos os seres humanos sejam salvos e cheguem ao pleno conhecimento da verdade" (1Tm 2,3-4). Para operar esta salvação, Deus enviou seu Filho ao mundo. A salvação dos seres humanos é, portanto, a realização do desígnio do Pai e a vitória de Cristo sobre os inimigos.

Precisamente porque contemplam a salvação do ser humano no marco da obra de Deus e da vitória de Cristo, são pertinentes considerações de H.U. von Balthasar a propósito da possibilidade da condenação dos seres humanos: enquanto a *glória Dei* ficava garantida em qualquer caso, tanto no caso da salvação como no caso da condenação, o problema não se apresentava sério. Mas quando a finalidade da criação se une intimamente à vida trinitária, torna-se inevitável colocar a questão[114]. Não se trata, evidentemente, de voltar às teses da apocatástase, incompatível com a mensagem cristã na medida em que, entre outras coisas, esvaziam de sentido a salvação que se quer assegurar: se a liberdade humana não é considerada e, portanto, a possibilidade de rejeição da oferta divina, a salvação se

---

114 Cf. BALTHASAR, H.U. *Teodramatica 5* – El ultimo acto. Madri, 1997, p. 490 [o original alemão foi publicado em 1983]. *Kleiner Diskurs über die Holle*. Ostfildern, 1987.

converte em algo forçado, não é a livre resposta ao amor que chama amor. Mas, certamente deve-se manter que Deus não é indiferente diante da dupla possibilidade de nossa salvação ou condenação; de acordo com nosso modo humano de raciocinar nossa possível rejeição a seu convite significa que seu desígnio de salvação não se realiza em plenitude. Também K. Rahner insistiu anteriormente no fato de que a escatologia cristã é, antes de tudo, uma mensagem de salvação e não pode ser reduzida a um discurso neutro. A escatologia da salvação e a escatologia da perdição não estão no mesmo plano. Existe apenas uma predestinação, a da salvação em Cristo, e a escatologia é, desse ponto de vista, a afirmação da graça de Cristo vencedora e aperfeiçoadora do mundo; naturalmente, pelas razões já indicadas, nenhum ser humano pode saber com certeza nesta vida se participará nesta vitória de Cristo ou será excluído dela[115]. A realização da obra de Cristo e a salvação do ser humano se encontram em íntima conexão.

3.2 A salvação em Cristo

Os textos que citamos já sugerem claramente um aspecto que outras passagens do Novo Testamento manifestarão de maneira ainda mais explícita. A saber, que esta oferta de salvação não está ligada primordialmente a uma mensagem, nem mesmo a uma profissão de fé em determinadas verdades, mas mais radicalmente a alguém que está na base e na origem de todas estas coisas: a própria pessoa de Jesus, "a pedra que vocês, os construtores, desprezaram e que se converteu em pedra angular" (Sl 118,22). "Porque não há outro nome debaixo do céu dado aos seres humanos pelo qual devamos ser salvos" (At 4, 11-12). Afirmação certamente inaudita, que depois de vinte séculos de cristianismo segue criando dificuldades e até mesmo causando

---

115 Cf. RAHNER, K. "Principios teológicos de la hermenéutica de las declaraciones escatológicas". In: *Escritos de Teología*, IV. Madri, 1964, p. 411-439, 431-432.

escândalo: como se pode atribuir a um único ser humano a salvação de toda a humanidade, um único ser humano por acréscimo o qual não conheceu nem talvez conhecerá a grande maioria dos seres humanos? Não deve a Igreja renunciar a essa pretensão de ver em Cristo o único salvador de toda a humanidade? Não ganharia com isso inclusive credibilidade diante de nossos contemporâneos? E, no entanto, as alegações do Novo Testamento não deixam espaço para dúvidas (cf. 1Tm 2,3-6; Jo 1,29; 14,6; 1Jo 4,14; 2Cor 5,19). A elas a Igreja se sente vinculada, tanto a Igreja de hoje como a de todos os tempos[116]. A oferta da salvação do cristianismo não pode ser mais que a de Cristo, que veio para que todos os seres humanos tenham vida e a tenham em abundância (cf. Jo 10,10) e deu a sua vida em resgate por todos os seres humanos (cf. Mt 20,28; Mc 10,45).

O nome de Jesus já indica que sua missão salvadora é essencial para entender sua vinda a este mundo: "Dará à luz um filho, e lhe porá o nome Jesus, porque Ele salvará a seu povo de seus pecados" (Mt 1,21). É a salvação de Deus que em Jesus se faz presente. Desde o primeiro momento de sua existência terrena, Jesus aparece como o enviado de Deus para libertar os seres humanos do pecado. A salvação aparece desde o primeiro instante essencialmente vinculada a sua pessoa. Da salvação se passa necessariamente ao salvador, mais ainda, será a mesma pessoa deste último que dá sentido e determina os conteúdos da própria salvação. De fato, em Cristo nos é oferecida uma nova possibilidade de plenitude e nova vida que, começando já nesta vida, encontrará a plenitude definitiva no novo céu e na nova terra já anunciada pelos profetas e iniciada na ressurreição de Cristo.

Os textos que citamos nos convidam a dar este passo, que é ainda mais explícito no Novo Testamento quando atribui a Jesus o título de "Salvador". Um título que inicialmente suscitou certos receios, mas

---

116 Cf. CONGREGAÇÃO PARA A DOUTRINA DA FÉ. Declaração *Dominus Iesus sobre la Unicidad y la Universalidad Salvifica de Jesucristo y de la Iglesia*, 2000. Sinalizamos alguns textos do Magistério: DH 624; 1.522; 1.523; 2.005.

que acabou nas cartas pastorais e em 2Pedro, aplicando-se frequentemente a Cristo e também a Deus Pai[117] (aplicado a Cristo: Lc 2,11; Jo 4,42; At 5,31; 13,23; Ef 5,23; Fl 3,30; 2Tm 1,10; Tt 1,4; 2,13; 3,6; 2Pd 1,1.11; 2,20, 3,2.18; 1Jo 4,14; aplicado a Deus Pai: Lc 1,47; 1Tm 1,1; 2,3; 4,10; Tt 1,3; 2,10; 3,4; Jd 25). De fato, não pode ser indiferente à salvação o fato de que Jesus seja o "Salvador", e o fato de que o seja também Deus Pai. Este fato nos indica que a salvação que Jesus nos traz não vem, por assim dizer, apenas por sua iniciativa, mas em último termo vem de Deus. Mas, deve-se notar que em quase todos os casos em que o título é atribuído a Deus, Cristo não está fora da perspectiva do texto bíblico (1Tm 1,1; 2,3-6; Tt 1,3-4; 2,10.13; 3,4-6, Jd 25), de tal forma que fica nítido que esta salvação que vem do único Deus que quer que todos os seres humanos sejam salvos, e que também é chamado de "salvador de todos" (1Tm 4,10), não é realizada sem a obra do único mediador, o ser humano Jesus Cristo (cf. 1Tm 2,3-6). Não há salvação de Deus senão a que acontece em Cristo. Este fato determina essencialmente a própria salvação, em seu modo de realizar-se e em seus conteúdos. O salvador e a salvação não podem ser separados. A salvação que vem com a mediação de Cristo, e esta mesma mediação como tal, estão revestidas de características peculiares e irrepetíveis: Cristo não se limitou a colocar em contato

---

117 Inicialmente esse título talvez suscitasse problemas pelas demasiadas ressonâncias helênicas. Cf. PONTIFÍCIA COMISSÃO BÍBLICA. *Il popolo ebraico e le sue Sacre Scritture nella Bibbia cristiana*, 32. Cidade do Vaticano, 2001, p. 77: "Nos evangelhos, nos Atos dos Apóstolos e nas cartas autênticas de Paulo, o Novo Testamento é muito discreto no uso do título *Salvador*. Essa discrição se explica pelo fato de esse título se encontrar muito difundido no mundo helênico; era atribuído a divindades como Asclépio, um deus curandeiro, e a soberanos divinizados que se apresentavam como salvadores do povo. Por isso, podia parecer ambíguo. Além disso, a noção de salvação, no mundo grego, tinha uma forte conotação individualista e física, enquanto que a noção neotestamentária, herdada do Antigo Testamento, tinha um alcance coletivo e uma abertura espiritual. Mas, com o tempo, desapareceu o risco da ambiguidade, e as cartas pastorais e a Segunda Carta de Pedro utilizam com frequência o título *Salvador*, aplicando-o tanto a Deus Pai como a Cristo.

Deus e os seres humanos e fazê-los recuperar a amizade sem serem profundamente afetados por este feito. Albert Vanhoye diz: "Cristo não se contentou em realizar uma obra exterior de mediação, mas realizou a mediação em sua própria pessoa"[118]. Devemos refletir sobre a maneira pela qual a pessoa de Cristo entra na mediação entre Deus e os seres humanos e, consequentemente, determina a salvação destes últimos. Isso nos ajudará a descobrir a articulação de alguns aspectos da salvação como obra de Deus e de Cristo.

3.3 A "perfeição" de Cristo, causa de nossa salvação

Podemos continuar nossa reflexão a partir de uma passagem fundamental da Carta aos Hebreus, na qual somos informados do pedido de Jesus de ser salvo da morte, e de que, apesar de sua condição divina, Ele aprendeu ou experimentou a obediência, e assim chegou à perfeição: "O qual [Jesus], tendo oferecido nos dias de sua vida mortal orações e súplicas com poderoso clamor e lágrimas àquele que poderia salvá-lo da morte, foi escutado por sua atitude reverente, e mesmo sendo filho, com o que padeceu experimentou (outros traduzem, aprendeu, ἔμαΦεν) a obediência; e chegou à perfeição, converteu-se em causa da eterna salvação para todos os que lhe obedecem, proclamado por Deus Sumo Sacerdote à semelhança de Melquisedeque"(Hb 5,7-10).

Jesus, o Filho de Deus, na perfeição que pela obediência obtém em sua humanidade, é a causa da eterna salvação para todos os que lhe obedecem[119]. Vale a pena refletir um pouco sobre essa relação entre essa perfeição de Jesus e nossa salvação. A oração suplicante de Jesus nos mostra sua participação na debilidade e na impotência humana, visto que foi provado em tudo igual a nós, inclusive no pecado

---

118 VANHOYE, A. *La Lettre aux Hebreux* – Jesus-Christ mediateur d'une nouvelle alliance. Paris, 2002, p. 103.

119 Cf. ibid., p. 101 e p. 103-104 para o que segue.

(Hb 4,15). Uma participação que nos abre ao mistério profundo daquele que sempre se sabe em perfeita comunhão com o Pai e na participação do seu poder (cf. Jo 5,19.36; 11,41-42). Este é um primeiro aspecto da mediação em sua própria pessoa a que nos referimos. Mas tem mais. A escuta de sua oração em sua atitude reverente começa em sua transformação interior: no sofrimento Ele aprendeu a obediência, por essa razão alcançou a perfeição e pode converter-se em causa de salvação eterna para todos os que creem nele. Naturalmente tal aprendizado não lhe era pessoalmente necessário, porque Ele era o Filho desde sempre (Hb 4,14; 5,8). Mas convinha à sua função de mediador uma vez que se encarnou; as exigências da redenção são levadas a sério até o fim. A partir do momento em que Jesus entrou neste mundo está em uma disposição de docilidade, mas uma disposição prévia não é o mesmo que suportar uma provação efetiva:

> Somente graças à provação dolorosa a disposição de princípio penetra todas as fibras da natureza humana. Se na provação se mantém a disposição que se tinha de amante docilidade para Deus, pela provação obtém-se uma transformação positiva. Não se é mais o mesmo; se está unido a Deus de uma maneira mais forte e mais profunda. É uma transformação desse tipo que ocorreu na natureza humana de Cristo, e que o fez passar da fragilidade terrena à perfeição divina[120].

Em virtude dessa perfeição que é a causa da salvação para todos, existe uma relação muito íntima entre esses dois elementos. A perfeição é, ao mesmo tempo, a perfeição do ser humano e a do mediador, as duas estão entrelaçadas[121]. Diríamos que a perfeição de Cristo e a salvação dos seres humanos são as duas caras inseparáveis da mesma moeda. À luz dessa teologia sacerdotal da Carta aos Hebreus adquire conotações muito precisas a condição do salvador de Jesus e a do

---

120 Ibid., p. 105.
121 Cf. ibid., p. 106.

próprio Deus, que não a exerce sem a mediação de Cristo. Pela ação do Pai e por sua própria obediência, Cristo enquanto ser humano chega à perfeição da união com Deus e a perfeição da união com os seres humanos na mais completa solidariedade[122].

Se este texto da Carta aos Hebreus é especialmente significativo, não é o único no qual a salvação dos seres humanos se relaciona com a plenitude da humanidade de Cristo. Outros lugares colocam mais explicitamente em primeiro plano a ressurreição e a glorificação de Cristo. De acordo com Jo 17,5, Jesus pede ao Pai que seja glorificado com a glória que tinha com o Pai antes que o mundo existisse. E esta glória é que os discípulos devem contemplar, a glória que Jesus tem porque o Pai o amou antes da criação do mundo e cuja contemplação nos dará a plenitude: "Pai, quero que onde eu estiver estejam também comigo aqueles que Tu me deste, para que contemplem minha glória, que me deste, porque me amaste antes da criação do mundo" (Jo 17,24). Jesus é o Filho de Deus desde o primeiro momento da sua encarnação (cf. Lc 1,35), mais ainda, Ele existia como Filho e como Deus junto ao Pai antes de sua vinda a este mundo para nos salvar (cf. Jo 1,1-2; 3,16-17; Rm 8,3; Gl 4,4). Mas, tendo se despojado da forma de Deus e habitando em nosso meio na forma de escravo e em obediência fiel até a morte de cruz, Ele tem necessidade de ser exaltado pelo Pai (cf. Fl 2, 2-11), de ser glorificado por Ele e recuperar a glória que possuía antes dos tempos. Enquanto ser humano, provado em tudo como nós exceto no pecado (cf. Hb 4,15), Jesus chegou à perfeição e foi salvo da morte: "Tu não abandonarás a minha alma no hades nem permitirá que o teu santo experimente a corrupção" (Sl 16,10; At 2,27; cf. At 29-32). Jesus, portanto, foi salvo e liberto pelo Pai; sua filiação divina, possuída antes dos tempos, também foi aperfeiçoada enquanto ser humano. Somente assim Ele pode salvar aqueles que o obedecem. Com a ressurreição, Jesus é constituído o Filho de Deus em poder (cf. Rm 1,3-4), Senhor

---

122 Cf. ibid., p. 108.

de tudo (cf. Fl 2,11), subido ao céu assenta-se à direita do Pai (cf. Mc 16,19; At 2,34 etc.). A mesma ressurreição é interpretada no Novo Testamento em termos de "geração", isto é, em plenitude de filiação divina (cf. At 13,33; Sl 2,7; At 1,5; 5,5). A salvação dos seres humanos se encontra em intrínseca relação com a plenitude da humanidade de Cristo na ressurreição. O que morrendo venceu a morte nos dá a possibilidade de ser configurados segundo seu corpo glorioso, para que levemos a imagem do Adão Celestial, Jesus ressurreto, depois de ter levado a imagem do Adão terrestre (cf. 1Cor 15,45-49). Deus nos predestinou para reproduzir a imagem do seu Filho, para que Ele seja o primogênito de muitos irmãos (cf. Rm 8,29). A salvação do ser humano não pode ser separada da plenitude de Cristo, só pode ser participação nesta última (cf. Jo 1,16).

A relação entre a plenitude de Cristo por obra do Pai e a do ser humano, já presente no Novo Testamento, também foi objeto de reflexão explícita na teologia patrística. Justino Mártir, por exemplo, teve que enfrentar a questão do significado da história humana de Jesus em seu *Diálogo com Trifão*. Dois momentos da vida de Cristo adquirem nesse sentido um significado especial. Em primeiro lugar, a vinda do Espírito Santo sobre Jesus no momento do batismo no Jordão; em segundo lugar, a ressurreição. Tenhamos em mente um elemento que coloca esses dois momentos em uma relação essencial: a referência à filiação divina de Jesus (cf. Mc 1,11 par.; At 13,33; Rm 1,4)[123]. Vamos ao primeiro destes mistérios da vida de Cristo. O judeu Trifão questionou o mártir que sentido pode ter, se Jesus é o Filho de Deus preexistente, que sobre Ele descia Espírito Santo no Jordão[124]. Não é isso um indício claro de que Ele não possui a

---

123 Coincidência tanto mais explícita, que Justino considera a voz do batismo como uma citação do Sl 2,7, que se aplica à ressurreição em At 13,33. Cf. JUSTINO. *Dial. Tryph.*, 88,8 (PTS 47,224).

124 Cf. JUSTINO. *Dial. Tryph.*, 87-88 (PTS 47,220-224). Cf. tb. ORBE, A. *La unción del Verbo*. Roma, 1961, p. 39-82.

condição divina? Não é a história humana de Jesus com todas as suas mudanças e vicissitudes a prova de que Ele não é Deus, e seu crescimento a demonstração de sua indigência pessoal? E apesar dessas dificuldades, Justino insiste na "novidade" do que acontece em Cristo e, concretamente, na novidade da filiação divina anunciada no Jordão, sempre relacionada com a salvação dos seres humanos e tendo em conta a íntima conexão entre a história de Jesus e da humanidade toda[125]. É antes de tudo, a novidade da manifestação aos seres humanos: "chama nascimento de Cristo para os seres humanos o momento a partir do qual ia dar-se seu conhecimento"[126]. Contudo, esse conhecimento não se reduz a algo exterior, mas esse nascimento tem como objeto que o ser humano possa nascer para Deus[127]. Para isso, o próprio Jesus tem de fazer, de alguma forma, a experiência deste nascimento. Os mistérios da vida de Cristo nos mostram um crescimento e um desenvolvimento de Jesus em seu relacionamento com o Pai. Este progresso na filiação por obra do Espírito lhe dispõe, por um lado, para a realização da missão que lhe foi confiada. Mas, por outro lado, Jesus deve ser capacitado para comunicar aos seres humanos a perfeição que possui[128]. Progressão, portanto, que não tem outro objetivo além da perfeição dos seres humanos, mas que, pressuposta a encarnação, não pode ser considerada indiferente ao próprio Jesus. E aí aparece o segundo momento da vida de Jesus que oferece uma importância especial para o nosso propósito: a sua ressurreição. Essa aparece como o momento da "salvação" de Jesus[129]. "Cristo dá a entender que reconhece por pais os que esperaram em

---

125 Cf. GRANADOS, J. *Los misterios de la vida de Cristo en Justino mártir*. Roma, 2005, p. 250 [Analecta Gregoriana, 296].

126 JUSTINO. *Dial. Tryph.,* 88,8 (PTS 47,224).

127 Cf. GRANADOS, J. *Los mistérios...* Op. cit., p. 266.

128 Cf. ibid., p. 269; 321-322.

129 JUSTINO. *Dial. Tryph.,* 73,2 (PTS 47,195): "Foi salvo ressuscitando". No contexto (ibid,. 74,3, p. 197-198) fala-se de paixão de Cristo como do mistério de salvação pelo qual nos salva.

Deus e foram salvos por Ele (cf. Sl 22,5-6) [...]. Ao mesmo tempo, sugere que Ele mesmo será salvo por Deus, mas não se gloria de fazer nada por sua vontade própria ou própria força"[130]. E o Mártir também nos diz: "O Filho de Deus nos diz que Ele não pode salvar-se sem a ajuda de Deus (cf. Sl 22,10-12), nem por ser Filho, nem por ser forte ou sábio, mas por ser impecável, não ter pecado nem por palavra, como diz Isaías, porque *não cometeu iniquidade nem se achou dolo em sua boca* (Is 53,9)"[131]. A Salvação significa para Jesus adquirir em sua humanidade, ao longo de toda a sua vida mortal e especialmente na ressurreição, aquilo que um sentido verdadeiro, e não apenas figurado, dará aos seres humanos. Cristo, em sua obediência ao Pai até a morte, imprimiu em sua humanidade as disposições filiais que lhe correspondem e lhe são próprias como Filho de Deus. Em consequência, em sua ressurreição também receberá em sua humanidade, concretamente em sua carne, as propriedades divinas da incorruptibilidade e da imortalidade. Assim, poderá fazer partícipes delas a seus irmãos[132]. Tudo isso será possível apenas no cumprimento dos tempos e ritmos da humanidade, que não permitem que as coisas sejam feitas de uma vez por todas. Cristo pode ser o Salvador porque em sua humanidade experimentou e recebeu a salvação de Deus, em uma palavra, Ele foi salvo. Em virtude de sua infinita bondade e no cumprimento dos desígnios do Pai, o Filho de Deus, que não conheceu e nem pode conhecer o pecado, colocou-se na situação daquele que necessita ser liberto e salvo da morte com a glória da ressurreição.

Justino não é o único dos Pais da Igreja que falou da salvação de Jesus. Também Hilário de Poitiers, dois séculos depois, e em plena luta antiariana, quando a insistência na humanidade de Jesus

---

130 Ibid., 101,1 (PTS 47,243).

131 Ibid., 102,7 (246).

132 Cf. GRANADOS, J. *Los mistérios...* Op. cit., p. 338. Cf. tb. p. 443, 468.

poderia dar origem a más interpretações, insistiu na necessidade de Jesus ser salvo e em sua solidariedade conosco na debilidade que compartilhou com todos os seres humanos: "Desde a debilidade que Ele tem em comum conosco, pediu para Ele a salvação da parte do Pai, para que pudesse entender que se encontrava dentro de nossa humanidade nas mesmas condições de nossa humanidade"[133]. Por isso, Ele invoca o nome de Deus Pai, para que o salve naquela humanidade que por nós assumiu. Jesus cumpriu, antes de tudo, em si mesmo o mistério da nossa salvação, pois com a sua ressurreição anulou o decreto de condenação que nos ameaçava (cf. Cl 2,14-15): "Cumpriu o mistério da nossa salvação, Ele, que vindo dos mortos já é eterno, em primeiro lugar ressuscitando Ele mesmo dentre os mortos, e colocando fim nele mesmo o decreto de nossa morte, com o qual antes estávamos confinados"[134]. A salvação de Cristo e a nossa é uma e a mesma. Na glorificação de sua humanidade se cumpre a salvação nele e em nós. A salvação que pede e que nele se realiza é a glorificação e divinização da humanidade. A espiritualização da carne na ressurreição é considerada como a transformação na substância da salvação eterna, *"in aeternae salutis substantiam"*[135]. A divindade é a *substantia salutis*, da qual a humanidade, sem deixar de ser tal, pode participar. Antes de tudo a humanidade de Cristo, e por ela e com ela a de todos nós. É a salvação que Jesus pede para si mesmo enquanto ser humano, a súplica da carne (*carnis deprecatio*), que na ressurreição e na glorificação do Senhor deve ser convertida

---

133 *Tr. Ps.*, 53,7 (CCL 61,139). Cf. todo o contexto deste parágrafo. Cf. tb. 53,4 (131): "ut se in eo corpore, in quo erat natus [...] saluum faceret Dei nomen". • 68,2 (293): "A debilidade assumida tem o ofício de pedir a salvação, a consciência da divindade mantém a esperança da salvação que se espera na morte". • Cf. BUFFER, T. *Salus in St Hilary of Poitiers*. Roma, 2002, p. 179-181.

134 *Tr. Ps.*, 67,23 (CCL 61,279).

135 *Tr. Ps.*, 143,18 (CSEL 22,824). Cf. tb. *Tr.* Ps., 139,10 (783), o Senhor pede que o poder da salvação seja comunicado à humanidade que Ele assumiu. • *Tr. Ps.*, 143,9.14 (819, 822).

para o Pai no que desde a eternidade foi o Verbo[136]. Nessa glória será eternamente contemplado pelos justos.

E embora não apareça explicitamente novo em relação à salvação, o Papa Leão Magno também falou da exaltação de Cristo em sua humanidade tendo em mente o hino de Fl 2,6-11:

> Sendo único o Senhor Jesus Cristo [...], no entanto, compreendemos que a exaltação, com a qual, como diz o Doutor dos povos, Deus o exaltou e lhe deu um nome que supera todo nome (cf. Fl 2,9-10), refere-se àquela forma que devia ser enriquecida com o aumento de tão grande glorificação [...]. A forma de servo [...], através da qual a divindade impassível levou a cabo o sacramento da grande piedade (cf. 1Tm 3,16), é a humildade humana, que foi exaltada na glória do poder divino[137].

Em outras ocasiões, com a insistência na íntima relação que existe entre a humanidade de Jesus e a Igreja, os pais do Oriente e do Ocidente enfatizaram que a santificação e a glorificação que Jesus recebe do Pai em sua humanidade são destinadas aos seres humanos. Assim Santo Irineu: "Enquanto o Verbo de Deus se fazia homem da raiz de Jessé e filho de Abraão, descansava sobre Ele o Espírito de Deus e era ungido para evangelizar aos humildes (cf. Is 61,1; Lc 4,18) [...]. Portanto, o Espírito de Deus desceu sobre Ele, o que havia anunciado pelos profetas que o ungiria, para que pudéssemos ser salvos ao receber da abundância de sua unção"[138]. Em termos semelhantes, Atanásio expressa-se: "Não é o Logos enquanto

---

136 HILÁRIO DE POITIERS. *De* Trinitate, III 16 (CCL 62,88): "O Filho feito carne agora pedia que a carne começasse a ser para o Pai o que era a Palavra, de modo que o que tinha começado no tempo recebeu a glória daquele resplendor que não está submetido ao tempo, de modo que a corrupção da carne desapareceu e foi transformada na força de Deus e na incorruptibilidade do espírito. Essa é a petição a Deus, essa é a confissão do Filho ao Pai, essa é a súplica da carne".

137 Carta *Promississe me memini* (DH 318).

138 *Adv. Haer.*, III 9,3 (SCh 211,110-112). Cf. *Demonstr.*, 59 (FP 2,176).

Logos e Sabedoria o que é ungido com o Espírito Santo que Ele dá, mas é a carne que Ele assumiu que é ungida nele e por Ele, para que a santificação que veio sobre o Senhor enquanto ser humano possa passar dele a todos os seres humanos"[139]. E, além disso: "Tudo o que a Escritura disse que Jesus recebeu, disse por causa de seu corpo, que é primícias da Igreja [...]. Em primeiro lugar o Senhor ressuscitou seu próprio corpo e o exaltou em si mesmo. Depois ressuscitou a todos os membros para dar-lhes, como Deus, o que Ele recebeu como ser humano"[140]. O crescimento e o desenvolvimento em Cristo, a sua unção, a sua exaltação e a sua glorificação, não afetam a sua natureza divina, mas somente a sua humanidade, embora isso não signifique que não o afetem "pessoalmente", enquanto Filho de Deus encarnado. Mas, nesta se acha incluída toda a Igreja, da qual Cristo é a cabeça, que potencialmente abarca a universalidade do gênero humano. Se Jesus não tinha necessidade para si mesmo da economia salvadora, uma vez que a encarnação ocorreu para a salvação

---

139 ATANÁSIO DE ALEXANDRIA. *Contra Arianos*, I 47 (PG 26,109). Cf. ibid., I 48 (113): "Ele se santifica a si mesmo (cf. Jo 17,10) para que nós sejamos santificados nele". Cf. LADARIA, L.F. *Atanasio de Alejandria y la unción de Cristo* (Contra Arianos I 47-50). In: GUIJARRO, S. & SANGRADOR, J.F. (eds.). *Plenitudo temporis* – Homenaje al Prof. Dr. Ramon Trevijano Etcheverria. Salamanca: Universidad Pontificia de Salamanca, 2002, p. 469-479.

140 ATANÁSIO DE ALEXANDRIA. *De Incarnatione Verbi et contra Arianos,* 12 (PG 26,1.004). Evidentemente pode-se notar nestes e em outros textos de Atanásio uma tendência a insistir na ação de Jesus enquanto Deus em sua humanidade, com um certo esquecimento da ação do Pai que, de acordo com o Novo Testamento, unge Jesus e o ressuscita. O deslocamento de acentos pode ser explicado pela necessidade de insistir na divindade do Filho negada pelos arianos. Mas em outras passagens está mais próximo do texto bíblico. Assim, p. ex., em *De incarnatione Verbi et contra Arianos*, 21 (1.021): "Quando Pedro disse: 'Saiba, então, com certeza, toda a casa de Israel que Deus constituiu, Senhor e Cristo, esse Jesus que você crucificou'. (Hb 2,36), não é da divindade que ele diz que Deus o fez Senhor e Cristo, mas da sua humanidade, que é toda a Igreja". Distinção semelhante em Hilario de Poitiers (*De Trinitate*, XI 19 (CCL 62A, 550): "O progresso que a unção produz não se refere ao que não necessita de nenhum crescimento, mas ao que pelo crescimento no mistério requer o progresso que a unção provoca, isto é, Cristo é ungido para que mediante a unção haja uma santificação da humanidade que assumiu de nós (*homo noster*)".

do mundo, não podemos imaginar que os eventos e as vicissitudes de sua vida humana, até a morte e a ressurreição, não tenham para Ele um significado. Do contrário, o próprio sentido de encarnação ficaria seriamente comprometido.

Por esta razão a tradição falou, embora fazendo as devidas distinções, da salvação de Jesus. Uma salvação que é a nossa. A salvação que Jesus experimenta e recebe em sua humanidade é a que corresponde a Ele como cabeça do corpo e que, em última instância, está destinada aos seres humanos seus irmãos. A que nós seres humanos podemos obter daquele que, sem ter cometido pecado, foi feito pecado por nós, para que venhamos a ser a justiça de Deus nele (cf. 2Cor 5,21). Não parece exagerado pensar que o conhecido axioma *"quod non est assumptum non est sanatum"*[141] receba a plenitude de sentido se pensamos que, em primeiro lugar, o próprio Jesus foi "salvo" em sua humanidade, que ele assumiu em sua integridade (corpo e alma) e, por isso, pode ser salvo todo o gênero humano, sua salvação passou para todos os seres humanos. É evidente que, no caso de Jesus, a "salvação" exclui a libertação do pecado que não cometeu e nem podia cometer, mas, por outro lado, levou sobre seus ombros. Mas, mesmo com a exclusão deste aspecto, ponto certamente de capital importância, a santificação, a consagração, a salvação de Cristo como ser humano são temas frequentes na teologia dos Pais da Igreja. A passagem de Cristo aos seres humanos sequer se justifica em muitos casos. A humanidade de Jesus é sempre o modelo e a medida da nossa, porque Ele sempre cumpriu a vontade do Pai; é especialmente assim na morte e ressurreição, já que no mistério pascal reside o centro do desígnio divino. É, então, quando Jesus, aperfeiçoado pela obediência ao Pai, é a causa da salvação para todos os que lhe obedecem. A humanidade vivificada do Senhor, que recebeu a salvação do Pai, é

---

141 "O que não foi assumido não foi redimido, mas o que se une a Deus é salvo". Cf. a fórmula explícita do axioma em GREGÓRIO NACIANCENO. *Ep.*, 101, I 32 (SCh 208,50).

princípio da vivificação dos seres humanos[142]. Não há salvação do ser humano exceto na participação nesta salvação de Cristo.

3.4 O Filho de Deus unido a todo ser humano

Pressuposto fundamental das linhas soteriológicas que temos insinuado e que ainda poderiam ser mais desenvolvidos é a doutrina da assunção de toda a humanidade por parte do Verbo, a inclusão em Cristo de toda a humanidade[143]. Trata-se de um ensinamento antigo que, enraizado, sem dúvida, no Novo Testamento (cf. Mt 25,31-46), o Concílio Vaticano II propôs novamente: "Com sua encarnação o Filho de Deus uniu-se de certo modo (*quodam-modo*) com todo ser humano"[144]. "De certo modo" é uma expressão pretensamente vaga que tende a assegurar a irrepetibilidade da encarnação e da união hipostática, ocorridas apenas uma vez e para sempre. Salvo o fato único da encarnação do Filho, não há nenhuma razão para interpretar a expressão em um sentido minimalista. Não podemos reduzir o peso que teve este ensinamento na tradição, algumas vezes formulado de forma clara, pressuposta ou implícita em muitas outras ocasiões. Os termos utilizados não podem dar origem a interpretações

---

142 AMBRÓSIO DE MILÃO. *Fid* IV 10, 128-129 (Opera 15,314-316): "Declara-se nossa semelhança com o Filho e uma certa unidade com Ele segundo a carne, porque assim como o Filho de Deus foi vivificado na carne como ser humano pelo Pai [...] nós também como seres humanos somos vivificados pelo Filho de Deus. De acordo com esta exposição, não só chega à condição humana a generosidade da graça, mas também se afirma a eternidade da divindade, da divindade porque ela mesma vivifica, da condição humana porque também foi vivificada em Cristo".

143 Cf. GONZÁLEZ DE CARDEDAL, O. *Cristología*. 2. ed. Madri: BAC, 2005, p. 528: "A inclusão de toda a humanidade em Cristo (criação, encarnação, redenção) é o pressuposto de todas as afirmações do Novo Testamento sobre nossa salvação. Essa inclusão é o fundamento de nosso ser (como participação em sua existência), de nossa liberdade (liberdade somente onde há filiação), de nossa redenção (a escravidão não é superável pelo esforço próprio, mas pela reintegração com Ele à condição de filho, à possessão do Espírito e à aceitação pelo Pai)".

144 GS 22; cf. tb. ibid., 24; 32.

redutivas. Assim termina o seu *Adversus Haereses* o Bispo Irineu de Lião: um único Filho

> [Revela-se, assim] um único Filho, que realizou a vontade do Pai. E uma única linhagem humana, na qual se cumprem os mistérios de Deus que *os anjos desejam contemplar* (1Pd 1,12), incapazes de perscrutar a sabedoria de Deus, por cujo meio se consuma seu plasma, dotado da mesma forma e corpo que o Filho (*per quam plasma eius conformatum et concorporatum Filio perficitur*). Deste modo, o Verbo, fruto Dele e primogênito (da criação), desce ao criado, isto é, ao plasma, também apreendido por Ele; ao mesmo tempo, o criado apreende ao Verbo e ascende a Ele, acima dos anjos (*supergrediens angelos*), e se torna a imagem e semelhança de Deus (cf. Gn 1,26)[145].

No descenso do Filho até nós, com o qual ele se fez "concorporal" a cada um dos seres humanos, está a condição de possibilidade de nossa ascensão ao Pai, que se realiza em primeiro lugar nele. Nesta ascensão, a natureza humana vai para além dos anjos, novamente em primeiro lugar nele, mas também em nós, enquanto unidos a Ele. Só podemos adquirir a perfeição, na medida em que nos tornamos conformes e "concorpóreos" com o Filho de Deus. A única natureza humana, na qual os mistérios de Deus são aperfeiçoados, está unida a Jesus, o único Filho de Deus, que desceu até ela. Com Ele e nele temos acesso ao Pai, e nisto consiste a única salvação definitiva do ser

---

145 IRINEU DE LIÃO. *Adv. Haer.*, V 36,3. *Teología de San Ireneo III* – Comentario al libro V del *Adversus Haereses*. Trad. de A. Orbe. Madri/Toledo, 1988, p. 632-665. • Hilário de Poitiers (*In Mt 6,1* (SCh 254,170)) também usa o termo concorporatio para indicar a encarnação. Em *Trin.*, VI 43 (CCL 62,247), fala do Filho *concarnatus*. Também o *supergrediens angelos* de Santo Irineu encontra ecos na tradição posterior. LEÃO MAGNO. *Sermo I de* Ascensione, 4 (PL 54,396): "humani generis natura [...] supergressura angelico sordines, et ultra archangelorum altitudines elevanda".

humano, porque a visão do Pai é a vida do Filho[146]. Do único Filho do Pai e de toda a humanidade, o único gênero humano, a ele unido.

A Parábola da Ovelha Perdida (cf. Mt 18,12-14; Lc 15,4-7) possibilitou aos Pais da Igreja contemplar unida toda a humanidade pecadora, que é precisamente a ovelha que se desviou em Adão. Ela é salva e conduzida novamente ao redil sobre os ombros do Bom Pastor, que foi buscá-la onde ela estava quando veio a este mundo. Podemos, mais uma vez, passar a palavra ao bispo de Leão:

> O próprio Senhor nos deu um sinal, na profundidade e na altura, sinal de que o ser humano não pediu [...] que o fruto deste nascimento de Maria fosse Deus conosco (cf. Mt 1,23; Is 7,14), e que ele baixasse às profundezas da terra para buscar as ovelhas que se perdeu, sua própria criatura, e subir ao alto para oferecer ao Pai o ser humano que foi encontrado depois de ter trabalhado em si mesmo a ressurreição do ser humano, para que, como ressuscitou dentre os mortos a Cabeça, assim também ressuscite o resto do corpo, isto é, todos os seres humanos que serão encontrados na vida, ocupando no corpo cada um dos membros o lugar que lhe corresponde. Muitas habitações haverão, com efeito, na casa do Pai (cf. Jo 14,2), porque haverá muitos membros no corpo[147].

---

146 ORBE, A. *Teología de San Ireneo*, III, 569: "Já que a título de consubstancial com o Pai enquanto Deus, o Verbo divino em sua carne conhece o Pai, Ele também será conhecido por aqueles que, através da obra salvífica do Verbo, tornaram-se consubstancializados com este em corpo e em glória. Um e outros são, de fato, em carne, verdadeiro Deus. Assim como o Logos penetrou na carne da luz paterna, os seres humanos, consubstanciais com o Verbo e igualmente glorificados, verão "Ele um com o Pai". A mesma luz de Deus que envolveu até então a carne do Verbo se estenderá então a seus irmãos, para a unidade de saúde (resp. incorruptela, vida eterna) con Ele". Cf. ORÍGENES. *In Joh.*, II 2,18 (SCh 120,218).

147 IRINEU DE LIÃO. *Adv. Haer.*, III 19,3 (SCh 211,380). As mesmas ideias se encontram em HILÁRIO DE PORTIERS. *In Mt 18,6* (SCh 258, 80): "A única ovelha deve interpretar-se como o ser humano, e no único ser humano deve se entender o conjunto dos seres humanos. Porque no extravio de Adão se extraviou todo o gênero humano. Portanto, deve-se considerar que as noventa e nove ovelhas que

E talvez ainda mais explícito seja Gregório de Nissa: "Esta ovelha somos nós, os seres humanos, que com o pecado nos separamos das cem ovelhas razoáveis. O Salvador toma sobre seus ombros a ovelha toda inteira, restaura ela inteira. O pastor a carrega sobre seus ombros, isto é, em sua divindade. Ao assumi-la se faz uma só realidade com Ele"[148]. Não faltam antecedentes na tradição anterior as conhecidas afirmações de Santo Agostinho sobre o *Christus totus*, a cabeça e os membros[149].

Nesta linha de pensamento, precisamente, se insere a relação entre a plenitude de Cristo e a nossa, entre a que Ele possui como Cabeça do corpo e a que Ele outorga ao corpo inteiro. Assim, o próprio Agostinho: "Quando ora o corpo do Filho, não separe de si a sua Cabeça, de tal maneira, que esta seja um único salvador de seu corpo, nosso Senhor Jesus Cristo Filho de Deus, que ora por nós, ora em nós e é invocado por nós"[150]. A rica tradição agostiniana da Idade Média vai ainda mais longe. Cristo Cabeça é salvo e, somente enquanto tal, pode salvar seu corpo:

---

não se perderam são a multidão dos anjos que no céu têm a alegria e o cuidado da salvação dos seres humanos. Então, aquele que procura o ser humano é Cristo, e as noventa e nove restantes são a multidão da glória celestial a qual o ser humano extraviado foi devolvido no corpo do Senhor". Outros textos de Hilário de Poitiers são muito ricos em sua concisão – *De Trin.*, II 24 (CCL 62,60): "Feito homem, recebeu da Virgem em si mesmo a natureza carnal e mediante a união que deriva dessa mescla foi santificado no corpo de todo gênero humano; e assim como todos os seres humanos foram incorporados nele pelo corpo que Ele quis assumir, do mesmo modo, por sua vez, entregou-se a todos por meio daquele que nele é invisível". • *Tr. Ps.*, 51,16 (CCL 61,104): "naturam in se uniuersae carnis adsumpsit". • 51,17 (104): "naturam [...] in se totius humani generis adsumens". • 54,9 (146): "uniuersitatis nostrae caro est factus". Cf. LADARIA, L.F. *La cristología de Hilario de Poitiers*. Roma, 1989, p. 87-103.

148 GREGÓRIO DE NISSA. *Contra* Apollinarem,16 (PG 45,1.153). Também é especialmente significativa esta passagem de Cirilo de Alexandria: *In Johannis Evangelium*, I 9 (PG 73,161-164).

149 Cf. entre muitos outros lugares: *De civ. Dei*, XVII 4 (CCL 48, 561-562). • *En. in Ps.* 60,2; 90,2,1; 140,4 (CCL 39-40, 766; 1.266; 2.028).

150 *En. in Ps.* 85,1 (CCL 39, 1.176).

Bem-aventurado o ser humano a quem o Senhor não imputou o pecado (Sl 31,1). Este ser humano bem-aventurado é, sem dúvida, Cristo. Dado que a cabeça de Cristo é Deus, perdoa os pecados. Dado que a cabeça do corpo é um único ser humano, nada se lhe perdoa. Dado que o corpo dessa cabeça é formado por muitos, nada se lhe imputa. Ele, justo em si mesmo, se justifica a si mesmo. O único salvador e o único salvo (*solus salvator, solus salvatus*); o único que ascende e o único que desce, aquele que com o Pai concede os dons que ele mesmo recebe nos seres humanos[151].

Jesus, por sua divindade e consubstancialidade com o Pai, perdoa os pecados dos seres humanos, visto que ninguém pode perdoar pecados senão Deus. Enquanto ser humano, Ele não cometeu pessoalmente nenhum pecado. Enquanto cabeça inseparável do corpo da humanidade por Ele salva, o pecado não lhe é levado em conta, graças à salvação que Ele mesmo trouxe. Dada a vinculação com o corpo, o mesmo que é o salvador de toda humanidade é o salvo, porque já não existe sem a vinculação ao corpo. Cristo, que é salvador enquanto cabeça, também é salvo enquanto cabeça que está indissoluvelmente unida ao corpo. Outra interessante consideração sobre a salvação de Cristo, que reaparece aqui desde uma perspectiva um pouco diferente daquela dos primeiros séculos da Igreja. Então insistia-se na "salvação" de Cristo enquanto ser humano, inteiramente orientada para nós, mas pessoalmente significativa para Ele. Agora, o acento é colocado antes, sobretudo, na vinculação da cabeça ao corpo, de tal maneira que a plenitude deste último que a cabeça causa constitui a salvação do próprio Cristo, que não é mais pensável sem

---

151 ISAAC DE LA ESTRELLA. *Sermo 42* – In Ascensione Domini, 17-18 (SCh 339,52).
• LUBAC, H. *Meditation sur l'Eglise*. Paris, 2003, p. 156 [Oeuvres completes, 8]: "L'Eglise est en ses membres comme elle fut en son Chef: elle n'est avec lui redemptrice comme elle n'est par Lui rachetee que sur la croix".

o corpo de sua Igreja. Dois movimentos complementares e em nada incompatível, um da cabeça ao corpo e outro do corpo à cabeça.

Nossa salvação é a de Cristo, porque, em virtude da misteriosa, mas real, comunhão do Filho com todo gênero humano, que acontece em sua humanidade tem um efeito em todos os seres humanos. Nele todos morremos e ressuscitamos. Mas, há ainda um segundo aspecto: nossa salvação só pode se dar na plenitude de seu corpo, essa plenitude que há de se realizar ainda. Quem como cabeça é salvador, enquanto unido ao corpo é também salvo. Somos todos chamados a participar desta salvação. Também neste segundo sentido, a plenitude de Cristo como cabeça do corpo, a salvação de Cristo e a nossa, feitas todas as devidas distinções, é uma e a mesma.

Esta misteriosa conexão entre Cristo e nós encontrou uma de suas expressões mais afortunadas na doutrina do intercâmbio, que, em sua precisa formulação, constitui uma das grandes conquistas da genialidade teológica de Irineu de Lião: *"Propter immensam suam dilectionem factus est quod sumus nos, uti nos perficeret esse quod est ipse"*[152]. A causa de seu imenso amor, se o Filho se fez o que nós somos para nos dar a perfeição do que Ele é, isto é, a perfeição de sua filiação divina. Uma perfeição que podemos adquirir porque Ele também, enquanto ser humano, adquiriu a perfeição da humanidade e da filiação no cumprimento total da vontade do Pai. Jesus, o Filho de Deus, feito por nós Filho do homem, é a medida da nossa perfeição como filhos de Deus. Entregue por todos nós, seus irmãos, até a morte, nos

---

152 IRINEU. *Adv. Haer.*, V Praef. Cf. ORBE, A. *Teología de San Ireneo – I:* Comentario al libro V del *Adversus haereses.* Madri/Toledo, 1985, p. 49-51. Cf. tb. *Adv. Haer.*, III 19,1 (SCh 211,374): "O Filho de Deus se fez ser humano para que o ser humano, unido ao Verbo de Deus e recebendo adoção, se tornasse Filho de Deus [...]. Porque de que maneira poderíamos nos unir à incorrupção e à imortalidade se antes da incorrupção e da imortalidade não nos tornasse o que somos?" Esta passagem tem o valor de tornar explícito o elemento da filiação divina, da importância capital na cristologia e na antropologia cristã. Outros exemplos do uso deste axioma podem ser encontrados em LADARIA, L.F. *Teología del pecado original y de lagracia.* 4. ed. Madri: BAC, 2004, p. 151.

dá a medida da fraternidade humana, consequência inseparável da filiação divina à qual Jesus nos introduz no Espírito Santo.

Neste misterioso intercâmbio, a salvação de Cristo é a nossa e a nossa é a de Cristo enquanto cabeça do corpo. Nada do que acontece na cabeça é indiferente para o corpo e vice-versa. Isso não significa um automatismo de salvação. Mas, em virtude da encarnação e feita as devidas ressalvas segundo à situação em que cada um se encontra, nenhum ser humano é estranho a Cristo. Por isso, do modo que Deus conhece, todo ser humano pode ser associado em virtude do dom do Espírito ao mistério pascal[153]. Cada um pode aceitar ou recusar pessoalmente o dom que em Cristo lhe é dado. Senão podemos afirmar que todos seremos salvos independentemente de nossa resposta pessoal a Deus, é óbvio, por outro lado, que o destino da humanidade em seu conjunto está irrevogavelmente ligado ao de Jesus. Ele nos deu o seu Espírito, que faz de sua Igreja um só corpo e que também age fora das fronteiras visíveis da mesma.

Na humanidade de Jesus, o Espírito se acostumou a habitar entre os seres humanos: "Por esta razão desceu [o Espírito Santo] também sobre o Filho de Deus feito filho do homem: com Ele se acostumou a habitar no gênero humano e a repousar sobre o ser humano e a habitar na criatura de Deus. Realizava neles a vontade de Deus e os renovava fazendo-os passar da velhice novidade de Cristo"[154]. Depois da glorificação de Cristo, este Espírito poderá ser dado a todos os seres humanos como o Espírito de Cristo e fará em nós o que fez nele, realizar a vontade de Deus Pai. Em virtude da conaturalidade entre Cristo e nós, o Espírito pode nos comunicar a novidade de Cristo. O Espírito que se habituou em Cristo a habitar na humanidade agora pode habitar também em nós, e como se "co-

---

153 Cf. GS 22.

154 IRINEU DE LIÃO, *Adv. Haer.*, III 17,1 (SCh 211,330). Também, segundo Irineu, o ser humano se habituou a carregar o Espírito e a possuir a comunhão com Deus. Cf. ibid., IV 14,2 (SCh 100,542-544).

naturalizou"[155] com Deus a humanidade de Cristo, também pode fazer a nossa humanidade conatural com Deus. Por outro lado, ao longo de toda a história humana de Jesus, o ser humano se habituou a receber a Deus e Deus se habituou a habitar no ser humano[156]. O que tem lugar na humanidade de Jesus também tem um significado para nós em virtude de sua união com todos os seres humanos e da efusão do Espírito. O espírito santo é o vínculo entre a "salvação" de Jesus e a nossa salvação.

3.5 Algumas perspectivas escatológicas

Em nosso breve percurso sobre a relação entre a "salvação" de Cristo e a nossa devemos prestar atenção à consumação final e à parusia do Senhor. Já nos referimos a algumas passagens do Novo Testamento que falam da vitória final de Cristo sobre todos os inimigos. Esta vitória que a ressurreição assegurou está relacionada com a plenitude de Cristo e, consequentemente, com a nossa. Mas, ainda não chegou à consumação. É muito conhecida uma passagem

---

155 ORBE, A. *La uncion del Verbo*. Roma, 1961, p. 636-637: "Na ordem da economia, a humanidade do verbo foi capacitada muito em breve – talvez no Jordão mesmo – para fazer milagres e ensinar. Levou, no entanto, os 12 meses de vida pública para se tornar capaz de infundir nos outros o seu próprio Espírito. Enquanto isso, o Espírito penetrava lentamente na alma e carne de Jesus. Mais do que a assimilação do Espírito pela humanidade de Jesus, foi a assimilação de Jesus pelo Espírito. A saúde da Igreja, nem o Verbo como tal nem, *a fortiori*, a humanidade concisa de Jesus podem operar eficazmente. O Verbo atuará como princípio do Espírito – em favor dos seres humanos – desde que lhe encontre conaturalizado ao ser humano, com essências humanas, adquiridas em Jesus".

156 IRINEU DE LIÃO. *Adv. Haer.*, III 20,2 (SCh 211,392): "Ele, o Verbo de Deus que habitou no ser humano e se fez filho do ser humano para acostumar o ser humano a acolher a Deus e habituar a Deus a habitar no ser humano segundo o beneplácito do Pai". Cf. tb. ibid., III 18,7 (364-366): "O mediador entre Deus e os seres humanos, graças à familiaridade com os dois, tinha que levá-los de volta à amizade e concórdia e fazer com que Deus assumisse o ser humano e que o ser humano se oferecesse a Deus. Com efeito, como poderíamos ter participado da adoção filial se através do Filho não tivéssemos recebido dele a comunhão com Ele, nem não haveria entrado em comunhão conosco seu Verbo fazendo-se carne? Cf. ORBE, A. *Introducción a la teología de los siglos II y III*. Roma, 1987, p. 670-671.

de Orígenes, que relaciona a plenitude de Cristo com a de seu corpo, que é toda a Igreja:

> Agora meu salvador se aflige por meus pecados. Meu salvador não pode alegrar-se: Beberei, disse, este vinho convosco no reino de meu Pai porque eu permaneço na iniquidade. "Como poderia estar na alegria Ele que se aproxima do altar da propiciação por mim, pecador, Ele, cujo coração está continuamente entristecido pelos meus erros? Beberei, disse, este vinho convosco no reino de meu Pai (cf. Mt 26,29)". Até que nós não nos comportemos de tal maneira que subamos ao Reino, não podemos beber este vinho, Ele que prometeu beber conosco. O que tomou sobre si nossas feridas e sofreu por nossa causa como médico de nossas almas e de nossos corpos, agora esqueceria a corrupção de nossas chagas? [...] Espera, portanto, que nos convertamos, que imitemos seu exemplo, que sigamos seus passos, para gozar conosco e beber conosco o vinho no reino de seu Pai [...]. Ele não quer beber só o vinho no Reino. Ele nos espera, porque disse: até que não o beba convosco (cf. Mt 26,29). Abandonando-nos em nossa vida, somos a causa do atraso de sua alegria [...]. Ele o beberá novamente mais tarde, quando todas as coisas lhe forem submetidas e, sendo todos salvos e destruída a morte do pecado, não será necessário oferecer vítimas pelo pecado [...]. Terás a alegria quando deixares essa vida se tiveres santo. Mas, a sua alegria só será plena quando não faltar nenhum membro do seu corpo. Porque também tu esperarás aos demais como tu mesmo fostes esperado[157].

É evidente que não podemos esquecer, como certamente não foi esquecido na tradição, que Jesus vive ressuscitado, na plenitude da glória divina, sentado à direita do Pai. É evidente que na interpretação destes textos faz-se necessário a máxima cautela. Mas, não podemos

---

157 ORÍGENES. *Hom. in Leviticum*, 7,2 (SCh 286,308-316).

tampouco desprezar essas intuições. Jesus, já sentado à direita do Pai, espera ainda que os seus inimigos sejam postos sob os seus pés, para poder entregar o Reino a ele (cf. 1Cor 15,25-28). Jesus intercede por nós diante do Pai e nele temos um Sumo Sacerdote que, provado no sofrimento, pode compadecer de nossas fraquezas (cf. Hb 2,17-18, 4,14-16). Em virtude desta compaixão, de um modo que é certamente misterioso para nós, Jesus continua suportando sobre si o peso de nossa dor e de nossa fraqueza. Até o momento da consumação final não podem ser indiferentes para Jesus nem a dor da humanidade, cujas feridas veio curar, nem os pecados dos seres humanos pelos quais intercede diante do Pai. Santo Agostinho recordou a identificação de Jesus com os que sofrem perseguição ou se encontram em todo tipo de necessidade: "Ele já foi exaltado acima dos céus, mas sofre na terra a dor que nós experimentamos como seus membros. Disto deu testemunho exclamando desde o alto: *Saulo, Saulo, por que me persegues?* (At 9,4) e: *Tive fome e me destes de comer* (Mt 25,35)"[158].

As últimas linhas do texto de Orígenes aplicam aos seres humanos o que antes foi dito sobre Jesus. A alegria será plena quando não faltar nenhum membro ao corpo de Cristo, que então será o corpo de todos. A plenitude de Cristo coincidirá com a de todos nós. São Tomás falava da comunhão de todos os bem-aventurados como um elemento importante da vida eterna. "Esta comunhão será muito agradável, porque cada um amará ao outro como a si mesmo e se

---

158 AGOSTINHO. *Sermo mai. 98* – De Ascensione Domini, I (PLS 494). Na Idade Média, essas ideias foram repetidas, citando os mesmos textos bíblicos que Santo Agostinho. Assim, Isaac de La Estrella (*Sermo* 42,11 (SCh 239, 44)), ao falar sobre a identificação de Jesus com aqueles que sofrem pergunta-se: "Por que razão, senão a causa da unidade do noivo e da noiva, ou da cabeça e do corpo?" Na teologia atual achamos interessante ecos desta antiga tradição Cf. GONZÁLEZ DE CARDEDAL, O. *Cristología*. 2. ed. Madri: BAC, 2005, p. 488: "[Cristo] permanece em agônica luta até que todos nós participemos de sua vitória. Glorificado enquanto um membro de seu corpo ainda peregrina, submetido ainda à insegurança da história. O Messias está por vir definitivamente".

alegrará com o bem do outro, como seu próprio bem"[159]. A plenitude do corpo de Cristo é, no sentido já indicado, de Cristo mesmo e, ao mesmo tempo e inseparavelmente, de cada um dos seres humanos. O cumprimento do desígnio de Deus em Cristo e nossa salvação estão intimamente ligados. O Reino de Cristo seremos nós mesmos, todos os seres humanos salvos. A plenitude final deste reino que Cristo entregará ao Pai no final dos tempos significará também que os seres humanos reinarão juntamente com o Senhor: "Ele próprio entregará [ao Pai] como reino aqueles que reinarão com Ele"[160]. Quando este David [Cristo] é libertado e não está mais sujeito à lei da morte, a salvação também é dada aos reis [...]. Sua libertação é a salvação dos reis. Estes reinarão conformados com a sua glória[161]. O Reino de Cristo e o nosso, coincidem. Sua "salvação" e a nossa são a mesma coisa.

Essa dimensão cristológica nem sempre foi levada em conta na discussão, muito viva há alguns anos, sobre o "estado do intermediário", centrado sobretudo nas questões antropológicas. Mas, este aspecto da plenitude do corpo de Cristo, presente na tradição, não pode ser esquecido. Mostra que, mais uma vez, o tema da salvação não pode ser abordado teologicamente sem termos em mente a mediação única e universal de Jesus. Uma salvação fora da plenitude da Igreja celestial, o corpo do Cristo ressuscitado, não é contemplada nem no Novo Testamento nem na tradição da Igreja.

Encontra-se, também, intimamente ligado a essa questão colocada nas últimas décadas nos estudos sobre escatologia acerca do significado eterno da humanidade de Cristo em nosso relacionamento com Deus. Essa humanidade tem uma função e um sentido eternos? Realizada a encarnação, fruto exclusivamente do amor e da liberalidade

---

159 *Opusc. Theol.*, 2.

160 HILÁRIO DE POITIERS. *Tr. Ps.* 139,17 (CSEL 22,788).

161 Ibid. *Tr. Ps.*, 133,21 (CSEL 22,826); 149,4 (969): "Nos secum adsumpsit in reges".

divina, torna-se "necessária" a exaltação de Cristo em sua humanidade, porque essa humanidade permanece para sempre unida à pessoa do Verbo, existe em sua pessoa[162], e assim entra definitivamente na vida de Deus. "Quod semel adsumpsit nunquam dimisit", é um dos pressupostos implícitos da cristologia e da soteriologia cristã[163]. Se a humanidade glorificada de Cristo tivesse que desaparecer, se essa humanidade "salva" não existe para sempre, desaparece também a razão de ser da nossa esperança. Nossa humanidade perdurará na inserção no corpo do Cristo ressuscitado. Já no ano de 1953, Karl Rahner escreveu um breve artigo, que mais tarde ficou famoso, sobre esse argumento[164]. O teólogo alemão chegou à conclusão de que na vida eterna o Pai só pode ser contemplado mediante o Filho, e desta maneira se o contempla imediatamente, porque a imediatez da visão de Deus não nega a eterna mediação de Cristo enquanto ser humano. Deve-se ter em mente que no quarto Evangelho se fala de uma função reveladora do Cristo glorificado, no âmbito da relação profunda que existe entre a revelação do Pai por Jesus e a glorificação de Cristo pelo Pai (cf. Jo 17,24.26): "Cristo é constitutivamente revelador do Pai, mas não o revela plena e perfeitamente até que na ressurreição sua humanidade atinge o estado glorioso, no qual resplandecerá e se manifestará plenamente seu caráter de eterno Verbo do Pai, então na visão de sua glória os seres humanos coglorificados terão a visão do Pai: revelando-se plenamente, Cristo revelará plenamente ao

---

162 Cf. TOMÁS DE AQUINO. *STh* III 2,2. • Ibid., III 2,3: enquanto subsiste em duas naturezas, a pessoa de Cristo é "composta". • Ibid., III 17,2: a pessoa divina não subsiste somente segundo a natureza divina, mas também segundo a natureza humana.

163 Cf. ORBE, A. *En torno a la encarnación*. Burgos: Aldecoa, 1985, p. 205-219.

164 "Eterna significación de la humanidad de Jesús para nuestra relación con Dios". In: *Escritos de Teología*, III. Madri, 1967, p. 47-59. Artigo apresentado pela primeira vez na Alemanha sob o título: "Die ewige Bedeutung der Menschheit Jesu für unser Gottverhältnis" (In: *Geist und Leben*, 26, 1953, p. 279-288) e depois no vol. III dos *Schriften zurTheologie* (1960).

Pai"[165]. Até que Jesus não tenha a glória perfeita do Pai, não o revela em plenitude, e até que os seres humanos glorificados não estejam em condições de acolhê-la plenamente, essa revelação não poderá realizar-se em toda a sua profundidade. A revelação do Pai não acontece somente mediante a gloriosa humanidade de Jesus, mas também nela, quando estamos inseridos em seu corpo ressurreto. Nossa ressurreição terá lugar no corpo de Cristo, nele podemos ter acesso ao Pai; ser conquistado por Cristo (cf. Fl 3,12) significa "ser encontrados naquele corpo que assumiu de nós, no qual fomos eleitos antes da criação do mundo (cf. Ef 1,4), no qual fomos reconciliados enquanto éramos inimigos"[166]. A humanidade de Cristo não só permanece na vida eterna, mas é o lugar do nosso encontro com Deus.

A mediação, no caso de Cristo, não significa a presença de um intermediário que se torna supérfluo a partir do momento em que conseguiu colocar em acordo àqueles que desejava unir. A mediação de Jesus não é a de quem se interpõe entre Deus e nós. Nele e por Ele, ao contrário, acontece nossa imediatez com o Pai. Não há outro caminho para alcançá-la, ninguém vai ao Pai se não é por meio dele (cf. Jo 14,6), e este caminho não se torna supérfluo porque a meta foi atingida. Nele estamos em comunhão com Deus. No poder do seu Espírito já somos e seremos mais plenamente filhos de Deus. A salvação não pode consistir no distanciamento de Cristo para chegar a Deus, mas na participação cada vez mais intensa em sua vida. Nossa condição de imagem de ser humano celestial nunca será "superável", nem tampouco nossa conformação com ele, nem nossa filiação

---

165 ALFARO, J. "Cristo glorioso, revelador del Padre". In: *Cristología y antropología*. Madri, 1973, p. 141-182, 169. Essas intuições foram amplamente acolhidas nos anos seguintes na escatologia católica.

166 HILÁRIO DE POITIERS. *Tr. Ps.*, 13,3 (CCL 61,79); 15,4 (84): "[...] si tamen nos uitia corporis nostri cruci eius confixerimus ut in eius corpore resurgamus". Outros textos em: LADARIA, L.F. *La cristología de Hilario de Poitiers*. Roma, 1989, p. 99, 283-286. Cf. tb. ORBE, A. "Visión del Padre e incorruptela segun San Ireneo". In: *Gregorianum*, 64, 1983, p. 199-241, esp. p. 207-209.

divina. Quando Irineu nos repete que a meta e a finalidade última da vida humana é a visão de Deus *paternaliter*[167], está dizendo que a relação pessoal com aquele que é por natureza o Filho unigênito não será nunca indiferente para nós. A paternidade divina precisa referir-se primariamente ao Filho. Seu corpo ressuscitado é o lugar de nossa vida eterna, que é a participação na salvação que ele, Deus e ser humano, obteve em sua humanidade para todos nós. Sem nenhum ganho para a sua pessoa divina, que desde sempre vive na plenitude do intercâmbio de amor com o Pai e o Espírito Santo, mas que assumiu como própria a natureza humana e já não vive sem ela a comunhão com as outras pessoas da Trindade. A este intercâmbio nós seres humanos somos incorporados, em virtude da encarnação, da morte e da ressurreição do Filho de Deus. A plenitude do dom do Espírito do Ressuscitado nos aperfeiçoará em nossa filiação divina: "Se, pois, o Senhor, ao abraçar o ser humano, o move a dizer *Abba*, Pai (Rm 8,15, Gl 4,6), o que fará toda a graça do Espírito dada aos seres humanos por Deus? Nos tornará semelhantes a Ele e levará a cabo o beneplácito do Pai, como quem modela o ser humano à imagem e semelhança de Deus (cf. Gn 1,16)[168]. A visão paterna de Deus supõe que essa paternidade se estende a todos os seres humanos salvos por Cristo. O Concílio Vaticano II diz no decreto *Ad Gentes*, 7: "Assim, finalmente, se cumpre verdadeiramente o desígnio do Criador, ao criar o ser humano à sua imagem e semelhança, quando todos aqueles que participam da natureza humana, regenerados em

---

167 Cf. IRINEU DE LIÃO. *Adv. Haer.*, IV 20,5 (SCh 100,638): V 36,3 (cf. ORBE, A. *Teología de San Ireneo* – Comentario al libro V del *Adversus Haereses*, III. Madri/ Toledo, 1988, p. 622-629): "Em tudo isso e através de tudo, o mesmo Deus Pai é revelado, que modelou o ser humano e prometeu aos pais a herança da terra; que manifestou na ressurreição dos justos e cumpriu as promessas no reino de seu Filho, e mais tarde outorga, como Pai, aquilo que nenhum dos olhos viu, nem ouvido ouviu, nem subiu ao coração do ser humano (1Cor 2,9)".

168 IRINEU DE LIÃO. *Adv. Haer.*, V 8,1 (cf. ORBE, A. *Teología de San Ireneo.* Op. cit., p. 374-377).

Cristo pelo Espírito Santo, contemplando unânimes a glória de Deus, podem dizer 'Pai nosso...'"

Cristo é, portanto, nossa salvação, não apenas porque nos livra do mal, mas porque nele, ser humano perfeito, nossa salvação é medida pela medida do próprio Deus, a vida divina que Jesus, também enquanto ser humano, possui por toda a eternidade.

3.6 Conclusão

A oferta de salvação, da qual o cristianismo é portador, se funda, portanto, em Cristo de um modo muito profundo. Não somente porque Cristo é o único salvador, que com sua morte e ressurreição libertou os seres humanos do pecado e lhes comunicou a vida divina, mas porque a "salvação" que lhes comunica é a sua mesma: a que Ele em sua humanidade recebe do Pai, que, como vimos, é também o salvador dos seres humanos segundo o Novo Testamento, a que Ele quer compartilhar com todos nós, ainda mais, a que Ele não quer ter sem nós porque Ele não quer, como uma cabeça, ser sem o corpo.

Esta oferta de salvação é para todos os seres humanos, sem exceção, a todos se dirige o anúncio de Cristo. É um anúncio do qual a Igreja é portadora, a Igreja peregrina que é missionária por sua própria natureza, como nos ensinou o Concílio Vaticano II (cf. AG 2; 6). E ainda especificou João Paulo II, *Redemptoris Missio*, 5: "Nesta palavra definitiva de sua revelação, Deus se manifestou da maneira mais plena: Ele disse à humanidade quem Ele é. E essa autorrevelação definitiva de Deus é o motivo fundamental pela qual a Igreja é por sua natureza missionária". A salvação de Cristo e o anúncio da mesma estão intimamente ligados à plena revelação que Deus faz de si mesmo em Cristo.

Mas, o anúncio de Cristo e de sua obra salvífica não chegaram de fato a todos os seres humanos, àqueles a quem está destinado. Isso não significa que a salvação de Jesus não possa alcançá-los. Bastará recordar uma afirmação central do Vaticano II, *Gaudium et Spes*, 22: "Cristo morreu por todos e a vocação última do ser humano é, em realidade, uma só, a divina. Por isso, devemos manter que o Espírito Santo dá a todos a possibilidade de ser associados, na forma que Deus conhece, ao mistério pascal"[169]. Em tempos de pluralismo, no qual nos encontramos, pode ser surpreendente que a Igreja insista em manter o caráter único e universal da salvação de Cristo. Não é o caso de repetir aqui as afirmações bíblicas e da tradição às quais já nos referimos no início de nossa exposição, e nas quais se fundamentam as recentes afirmações do Magistério da Igreja[170]. Afirmações que certamente estão longe do desprezo ou da falta de reconhecimento dos valores encontrados naqueles que não compartilham nossa fé, nas diferentes culturas do mundo e nas próprias religiões[171]. Também nelas se encontram sementes do Verbo e raios da Verdade que é Cristo. Este reconhecimento é um aspecto muito importante da proclamação da unidade e da universalidade da salvação em Cristo. Recorda-nos que esta universalidade mais inclui do que exclui, entre outras razões porque a mediação única de Jesus não pode ser separada da vontade de salvação universal de Deus (cf. Tm 2,3-5). As reflexões precedentes mostraram, espero, uma das razões para a coerência dessa posição. Cristo, unido a todo ser humano e a toda a humanidade, quer fazer de todos partícipes da vida e da plenitude que não quis ter sem nós, esta vida que Ele recebeu do Pai. Se todos somos chamados a essa meta, não podemos pensar que existem caminhos diversos para chegar a ela. Não se trata de que Jesus nos dê uma salvação qualquer. A pessoa do Salvador, o Filho de Deus feito

---

169 Cf. ibid., 24, 29: Deus chamou todos os seres humanos para o mesmo destino; não há outra finalidade do ser humano além do próprio Deus. Se o ser humano não alcança esse destino, ele está definitivamente perdido.

170 Basta aludir à Encíclica *Redemptoris Missio* 5-6.10, entre outros lugares. • Declaração *Dominus Iesus*, 13-15.

171 Recordaremos novamente *Redemptoris* Missio 5-6, 28-29, 55-56. • *Dominus Iesus* 8; 12.

ser humano, morto e ressuscitado por nós, determina essencialmente a própria salvação. É o que já intuiu acertadamente o autor anônimo da chamada segunda carta de Clemente: "Temos que pensar em Jesus Cristo como de Deus para não ter nossa salvação em baixa consideração"[172]. Os cristãos não podem ter em baixa consideração nem a nossa salvação nem a dos demais. A isso nos conduz o amor a todos os seres humanos que Cristo nos ensina.

---

[172] *2Clem.* I 1 (FP 4,174). Ambrósio de Milão (*De Fide* IV 10,130 (*Opera,* 15,316) dizia a mesma coisa com uma formulação que não está isenta de ironia: "Tenham os arianos o prêmio de sua fé, não seja que recebam a vida eterna do Filho". Cf. CID-FUENTES, A. *Los misterios de la vida de Cristo en Ambrosio de Milan.* Santiago de Compostela: Instituto Teológico Compostelano, 2003, p. 398.

4

A encarnação de Deus e a teologia cristã das religiões[173]

"De uma maneira fragmentária e de muitos modos falou Deus no passado para nossos pais por meio dos profetas; nestes últimos tempos nos falou por meio do Filho, a quem Ele instituiu herdeiro de tudo, por meio do qual também fez os mundos" (Hb 1,1-2). Se foi uma convicção cristã desde os primeiros tempos a constante presença de Deus no mundo e sua proximidade com o ser humano (At 17,27, "não longe de nenhum de nós"), é igualmente nítido a persuasão de que em Cristo esta proximidade atingiu o grau máximo e insuperável. Quando Deus nos falou mediante o Filho, em toda sua vida, em sua morte e em sua ressurreição, usou uma linguagem qualitativamente superior a qualquer outra. De fato, de nenhum outro modo nos foi revelado em toda a sua profundidade quem é Deus, senão na demonstração de seu amor que foi dado com o envio de seu Filho ao mundo. Na encarnação do Filho e em toda a sua vida, o mistério do amor de Deus aos seres humanos se revela de maneira totalmente insuspeitada. "Entregou ao Filho para libertar o escravo", canta, estupefata, a liturgia pascal. "A prova de que Deus nos ama é que, sendo nós ainda pecadores, Cristo morreu por nós" (Rm 5,8).

---

173 Publicado em CORDOVILLA PEREZ, A.; SANCHEZ CARO, J.M. & DEL CURA, E. (dirs.). *Dios y el hombre en Cristo* – Homenaje a Olegario González de Cardedal. Salamanca: Sígueme, 2006, p. 223-243.

"Tanto amou Deus ao mundo que lhe deu seu único Filho" (Jo 3,16). A revelação do amor de Deus Pai é possível porque em Cristo, imagem de Deus invisível, em quem vemos o próprio Pai, nos amou até o extremo. O amor de Cristo é uma demonstração do amor do Pai. Cristo é realmente Deus conosco na participação em toda a nossa vida, provado em tudo, semelhante em tudo a nós exceto no pecado (cf. Hb 4,15). Com a sua presença, enviado "como ser humano aos seres humanos"[174], o Filho nos tem revelado a Deus e nos trouxe a sua salvação.

Mas a presença de Cristo no mundo não terminou com sua vida mortal. Mais ainda, tornou-se, depois de sua ressurreição e ascensão aos céus, mais universal, embora evidentemente mais misteriosa. "Eu estou com vocês todos os dias até o fim dos tempos" (Mt 28,20). Cristo se refere, acima de tudo, aos discípulos que sempre desfrutam de sua presença e de sua proteção, sobretudo nos momentos difíceis. Mas, o Senhor ressuscitado a tudo abarca e a ação de seu Espírito não conhece limites. A Igreja, corpo de Cristo, é o lugar por excelência desta presença de Cristo e do seu Espírito, mas não é o lugar exclusivo da mesma. Quando se aborda o problema da teologia das religiões, não se pode esquecer este pressuposto fundamental da ação universal de Cristo e do Espírito. Já se passaram os tempos de uma estreita compreensão da necessidade de pertencer à Igreja para a salvação. A possibilidade de salvação fora das fronteiras visíveis da Igreja é um dado adquirido, não apenas na teologia católica, mas também no magistério. Mas, nem a Igreja, à qual todos estão ordenados, nem com muito maior razão Cristo, o único mediador, estão ausentes desta salvação. Se a possibilidade de salvação para todos os seres humanos não oferece nenhum problema na discussão teológica do momento, o debate não é encerrado, apesar das qualificadas

---

174 *A Diogneto* 7,4 (SCh 33bis,68).

intervenções magistrais, acerca da universalidade da mediação de Cristo nesta salvação[175].

Não é o caso de informar sobre as diferentes escolas e teorias que foram desenvolvidas nos últimos anos sobre este assunto. Eu gostaria apenas de refletir sobre a relevância da encarnação, a máxima manifestação do amor de Deus aos seres humanos, para a salvação de todos. O evento único da vinda de Deus ao mundo não pode deixar de ter um significado universal. É assim que sempre entendeu a Igreja.

4.1 Encarnação, evento único e irrepetível

A vontade universal da salvação de Deus e a mediação única de Cristo, que se entregou a si mesmo em resgate por todos, estão explicitamente relacionadas no Novo Testamento (cf. 1Tm 2,3-6). Jesus veio para tirar o pecado do mundo (cf. Jo 1,29), nele Deus reconciliou consigo o mundo (cf. 2Cor 5,18-19). A vinda do Filho de Deus para este mundo é em si um evento salvífico, que tem efeitos positivos para todos. Com a encarnação do Verbo vem toda a novidade, apesar

---

175 Há uma enorme bibliografia sobre a questão. Sem qualquer pretensão de ser exaustivos, alientamos: MENKE, K.H. Die Einzigkeit Jesu Christ im Horizont der Sinnfrage. Einsiedeln/Friburgo, 1995. • GEFFRE, C. "Pour un christianisme mondial". In: Recherches de Science Religieuse, 86, 1998, p. 53-75. • FRANÇA MIRANDA, M. O cristianismo em face das religiões. São Paulo, 1998. • SCHULZ, M. "Anfragen an die pluralistische Religions-theologie: Einer ist Gott, nur Einer auch Mittler". In: Munchener Theologische Zeitschrift, 51, 2000, p. 125-150. • LAMMARRONE, G. "La dottrina del primato assoluto e dela signoria universale di Gesu Cristo nel dibattito attuale sul valore salvifico dele religioni". In: SANNA, I. (ed.). Gesu Cristo speranza del mondo. Roma, 2000, p. 339-408. • MULLER, G.L. & SERRETTI, M. (eds.). Einzigkeit und Universalitat Jesu Christi im Dialog mit den Religionen. Einsiedeln, 2000. • DHAVAMONY, M. "The Uniqueness and Universality of Jesus Christ". In: Studia Missionalia, 50, 2001, p. 179-216. • AMATO, A. "La universalidad salvifica del misterio de la encarnación. In: PRADES, J. (ed.). El misterio a través de las formas. Madri: Facultad de Teología San Damaso, 2002, p. 143-161. • DUQUOC, C. L'unico Cristo – La sinfonía differita. Bréscia, 2003. • GADE, G. Cristo nelle religioni. Roma, 2004. • MAZUR, A. L'insegnamento di Giovanni Paolo II sulle altre religioni. Roma, 2004. • DHAVAMONY, M. World Religions in the History of Salvation. Washington, 2004.

do anúncio profético que tudo lhe havia antecipado, dizia Irineu[176]. Se trata de um evento único e irrepetível.

O Novo Testamento insiste, como sabemos bem, que a ação redentora de Cristo teve lugar apenas uma vez e uma vez para sempre (cf. Hb 7,27; 9,12.26-28; 10,10; 1Pd 3,18). A unicidade do sacrifício de Cristo deve ser vista em íntima relação com a unidade da encarnação. O Filho veio ao mundo uma única vez para nos libertar do pecado. Sua vinda gloriosa no final dos tempos não será uma repetição deste evento. Será a plena manifestação do domínio sobre tudo e da vitória sobre o pecado que já alcançou em sua morte e ressurreição. Uma única vez o Filho se encarnou e uma única vez se ofereceu em resgate por todos ao derramar seu sangue na cruz. Não há outro mediador nem outro sacrifício. A unicidade da mediação de Cristo na salvação, uma convicção repetidamente testemunhada em todo o Novo Testamento (At 4,12; Jo 3,16-17; 14,6 etc., além dos textos já citados), já levou os mesmos autores neotestamentários a falarem da mediação do único Senhor Jesus Cristo na criação (cf. 1Cor 8,6; Cl 1,15-17; Jo 1,3.10; Hb 1,2). Estabelece-se assim com clareza, embora implicitamente, uma profunda conexão entre a salvação que Cristo traz ao mundo e a totalidade da criação e, em particular, dos seres humanos. Cristo deve ser pregado a todos, porque todos os seres humanos são destinatários de sua salvação e, consequentemente, também de sua mensagem.

Cristo tem, portanto, uma relevância universal. A partir deste evento os cristãos têm lido a história. Um dos primeiros problemas com os quais se teve de confrontar é o da unidade da história da salvação e, portanto, da "identidade" do Deus que se manifestou repetidamente no Antigo Testamento. Um e o mesmo é o Deus criador e o Pai de Jesus, que se fez presente aos seres humanos desde o princípio mediante seu Filho. Se o Filho de Deus se fez nosso

---

176 Cf. IRINEU DE LIÃO. *Adv. Haer.*, IV 34,1 (SCh 100,846-848).

irmão, se ele compartilhou nossa condição, a proximidade de Deus com seu povo durante toda a história de Israel foi uma antecipação da encarnação que dá sentido definitivo à história: "[...] todos comeram o mesmo alimento espiritual, e todos beberam a mesma bebida espiritual, pois beberam da rocha espiritual que os seguia; e a rocha era Cristo" (1Cor 10,4). Os Padres dos primeiros séculos atribuíram ao Filho as teofanias do Antigo Testamento[177]. Se é o Filho o que se encarnou, Deus sempre se fez visível por meio dele. "Visibile Patris Filius", o visível do Pai é o Filho, dizia Irineu[178]. O mesmo bispo de Lião insistiu que, pela vontade do Pai, o Verbo de Deus sempre esteve com os seres humanos e os acompanhou, "semper humani generi adest"[179]. São Justino e Clemente de Alexandria falaram do Logos do qual todo o gênero humano, de algum modo, pode participar, mas somente em Cristo se manifesta plenamente e, portanto, somente os cristãos conhecem em sua integridade[180]. Não

---

177 Cf. JUSTINO. *Apol.*, I 62-63 (Wartelle,184-186). • *Dial. Triph.*, 56-62 (Marcovich 161-164). • TEÓFILO DE ANTIOQUIA. *Ad. Autol.*, II 22 (SCh 20,154). • IRINEU DE LIÃO. *Adv. Haer.*, IV 5,2; 7,4; 20,7-11 (SCh 100, 428-430; 462; 646-662). • CLEMENTE DE ALEXANDRIA. *Ped.*, I 7,57,2 (SCh 70,212). • *Strom.*, V 6,34,1 (SCh 278,80). • VII 10,58,3 (SCh 428,188-190). • *Exc. ex Theod.*, 10,5; 12,1; 23,5, o filho apenas visível aos anjos (SCh 23,78-80;82;108). • TERTULIANO. *Adv. Prax.*, XIV-XVI (Scarpat 178-190). • *Adv. Marc.*, II 27,3-5; III 6-7 (CCL 1, 506; 514-518). • NOVACIANO. *Trin.*, XVIII-XIX (CCL 4,44-50). • HILÁRIO DE POITIERS. *Trin.*, IV 27-42; V 11-22 (CCL 62,130-149; 160-173), entre muitos outros. Todavia Leão Magno, depois que Santo Agostinho mudou a abordagem tradicional, manterá as antigas posições: *Ep.* 31,2 (PL 54,971).

178 *Adv. Haer.*, IV 6,6 (SCh 100,450).

179 IRINEU DE LIÃO. *Adv. Haer.*, III 16,6 (SCh 211,312). Cf III 18,1 (342); IV 6,7; 20,4; 28,2 (SCh 100,454; 634-636;758); V 16,1 (SCh 153,214). • *Demonstr.*, 12 (FP 2,81-82).

180 JUSTINO. *Apologia*, I 46,2 (Wartelle, 160): "Temos recebido o ensinamento de que Cristo é o primogênito de Deus, e anteriormente temos indicado que Ele é o Verbo de qual todo o gênero humano participa". II 8, 3 (208): "Nada, pois, tem de grandioso, se desmascarados [os demônios] tratam também de tornar odiosos, e com mais determinação, os que vivem não mais conforme uma parte das sementes do Verbo, mas conforme o conhecimento e contemplação do Verbo total, que é Cristo" (Tradução retirada de RUIZ BUENO, D.B. 116, 232; 209). Cf. CLEMENTE DE ALEXANDRIA. *Protr.* I 6,4; X 98,4 (SCh 2bis 60; 166). • *Paed.*, I 11,96 (SCh 70,280).

podemos pensar, portanto, em uma ação divina, nem na salvação e, tampouco, na criação, que não tenha nada a ver com a encarnação e com toda a vida de Jesus de Nazaré, sobretudo, com seu mistério pascal. Jesus é o princípio e o fim (Ap 22,13), Ele é "o fim da história humana, ponto de convergência para o qual tendem os desejos da história e da civilização, centro da humanidade, alegria do coração humano e plenitude total de suas aspirações"[181]. Jesus é aquele que dá à história o seu sentido definitivo, porque inserido nela, lhe dá uma dimensão transcendente. A encarnação do Filho revelou-nos quem é Deus dado que Ele mesmo entrou na história humana, e da morte e ressurreição de Jesus esta história recebeu o seu sentido e sua direção definitiva, a de caminhar para a recapitulação em Cristo de todas as coisas, as do céu e as da terra (cf. Ef 1,10).

4.2 "O Filho de Deus se uniu em certo modo a todo ser humano"

Não é indiferente para nenhum ser humano que o Filho de Deus se fez humano e entrou na história dos seres humanos. O Logos é a luz que ilumina todo ser humano ao vir a este mundo (cf. Jo 1,9)[182]. A todos chega, embora nem sempre saibamos como, a luz que é o Verbo Encarnado. Por outro lado, a encarnação não diminuiu a di-

---

181 GS 45. Cf. PABLO VI, aloc. De 03/02/1965. • GS 10: "A Igreja acredita que Cristo, morto e ressuscitado por todos, dá ao ser humano a sua luz e sua força através do Espírito Santo, para que ele possa responder à sua altíssima vocação, e que não foi dado debaixo do céu para a humanidade outro nome no qual é necessário ser salvo (cf. Hb 4,12). Igualmente acredita que a chave, o centro e o fim de toda a história humana se encontram em seu Senhor e Mestre". • JOÃO PAULO II., *Redemptoris Missio*, 6: "Esta singularidade única de Cristo lhe confere um significado absoluto e universal, em virtude da qual, estando na história, é o centro e o fim desta mesma história: 'Eu sou o alfa e o ômega, o primeiro e o último, o começo e o fim' (Ap 22,13)".

182 A tradução desse verso na Vulgata reza: "[...] qui illuminat omnem hominem venientem in mundum". Mas não é esta a interpretação preferida de muitos exegetas autorizados. A iluminação de todo ser humano tem de ser relacionada com a vinda do Logos a este mundo. A Neovulgata traduziu: "[...] veniens in mundum".

vindade do Filho, e não eliminou nem diminuiu a humanidade, mas a enalteceu: "*humana augens, divina non minuens*", reza a conhecida formulação de São Leão Magno[183]. E o que em princípio foi pensado como expressão da dignidade da natureza humana do Senhor, pode ser estendido, sem forçar em absoluto os termos, ao gênero humano em sua universalidade. O Concílio Vaticano II expressou-se assim: "Dado que nele [Cristo], a natureza humana foi assumida, não absorvida, por isso mesma foi elevada, também em nós, a uma dignidade sublime. Pois o próprio Filho de Deus, com sua encarnação, uniu-se de certo modo (*quodam modo*) a todo ser humano" (GS 22)[184]. A elevação da natureza humana tem lugar, portanto, não somente em Cristo, que a assumiu em sua própria pessoa (união segundo a hipóstase), mas também em todos nós. A razão é a misteriosa união, mas não por isso menos real, de Cristo com todos os seres humanos por causa do próprio fato da encarnação[185]. O Vaticano II retoma, em termos mais pessoais, o que foi uma doutrina muito frequente dos Padres da Igreja, que ensinaram repetidamente que Cristo, ao encarnar-se, se uniu a toda a natureza humana. Esta união constitui o pressuposto de nossa participação na vida do Cristo glorioso, elevados com Ele e nele à vida divina. Irineu, um dos grandes representantes dessa tradição, encerra com estas palavras seu tratado contra as heresias:

> [Revela-se da mesma forma] um único Filho, que realizou a vontade do Pai. E uma única linhagem humana, na qual se cumprem os mistérios do Deus que *os anjos desejam contemplar* (1Pd 1,12), incapazes

---

183 *Tomus ad Flavianum* (DH 293).

184 O texto prossegue assim: "Trabalhou com mãos humanas, pensou com inteligência humana, amou com coração humano. Nascido da Virgem Maria, fez-se verdadeiramente um de nós, semelhante em tudo a nós exceto no pecado". Cf. tb. GS 24; 32. • JOÃO PAULO II. *Redemptorhominis,* 13.

185 COMISSÃO TEOLÓGICA INTERNACIONAL. Teología; Cristología; Antropología, I E 4. In: POZO, C. *Documentos 1979-1976*. Madri: BAC, 1998, p. 254: "Quanto mais profundamente desce Jesus Cristo na participação da miséria humana, tanto mais alto eleva o ser humano na participação da vida divina".

de perscrutar a sabedoria de Deus, através da qual se consuma seu plasma, dotado da mesma forma e corpo que o Filho (*conformatum et concorporatum Filio*). Deste modo, o Verbo de fruto dele e primogênito [da criação] desce ao criado, isto é, ao plasma, também apreendido por ele; ao mesmo tempo, o que é criado apreende ao Verbo e ascende a Ele, acima dos anjos (*supergrediens angelos*)[186], e se torna a imagem e semelhança de Deus (cf. Gn 1,26)[187].

Cirilo de Alexandria, por sua parte, comenta Jo 1,14 nesses termos:

> Todos nós, de fato, estamos em Cristo, e a pessoa comum da humanidade desfruta de sua vida nele [...]. Assim o Verbo habitou em nós mediante um único corpo, de modo que, uma vez que se formou um único Filho de Deus em poder, sua dignidade será comunicada, segundo o Espírito de santidade (cf. Rm 1,4) a toda a humanidade, e assim, por meio de um de nós, também alcançaremos aquelas palavras: Deuses sois vós, e todos filhos do Altíssimo (Sl 82,6; Jo 10,34). "Acaso não é claro para todos que ele se rebaixou à natureza de servo, sem tirar nenhum proveito desta condição, mas que ele se doou a nós para que pudéssemos ser enriquecidos de sua pobreza

---

186 Leão Magno parece fazer eco desta fórmula em seu *Sermo 1 de Ascensione*, 4 (PL 54,396): "humani generis natura [...] supergressura angelicos ordines".

187 IRINEU DE LIÃO. "Adv. Haer.", V 36,3. Trad. de A. Orbe. In: *Teología de San Ireneo* – Comentario al libro V del *Adversus Haereses*, III, Madri/Toledo, 1988, p. 633-655. Pode-se ver também o extenso comentário ao texto neste mesmo lugar. Sobre a união de Cristo com todos os seres humanos Irineu já havia dito em *Adv. Haer.*, V 15,2, relacionado com a Parábola da Ovelha Perdida. Cf. ORBE, A. *Teología de San Ireneo...* Op. cit., II. Madri/Toledo 1987, p. 46-47. Essa parábola foi interpretada frequentemente no sentido de que toda a humanidade é a ovelha perdida que Jesus coloca sobre seus ombros para levá-la ao paraíso. Cf., p. ex., HILÁRIO DE POITIERS. *In Mat.*, 18,6 (SCh 254,80). • *Tract. Myst.*, I 18 (SCh 19bis, 106-108). • GREGÓRIO DE NISSA. *Contra Apoll.*, 16 (PG 45, 1153): "Esta ovelha somos nós, os seres humanos, que pelo pecado nos separamos das cem ovelhas razoáveis. O Salvador toma sobre seus ombros a ovelha inteira, porque não foi apenas uma parte que se perdeu. Sendo que se havia perdido toda inteira, foi levada inteira ao paraíso. O pastor a leva sobre seus ombros, isto é, em sua divindade".

(cf. 2Cor 8,9) e, elevando-nos, mediante a semelhança com Ele, a seu próprio bem inefável, nos tornássemos, mediante a fé, deuses e filhos de Deus? Habitou, com efeito, em nós aquele que é por natureza o Filho de Deus. Por isso, em seu Espírito nós clamamos *Abba*, Pai (Rm 8,15; Gl 4,6). O Verbo habita em todos, em um templo, o que assume por nós e de nós, para que, mantendo-nos a todos em si mesmo, reconciliasse a todos num só corpo, como diz Paulo (cf. Ef 2,16)[188].

Como no texto já citado de Irineu, talvez aqui apareça ainda mais claramente como a união com toda a humanidade constitui o pressuposto e a base para que Cristo, em virtude de sua morte e ressurreição, nos conceda o dom do Espírito, nos faça filhos nele, nos divinize. O fato de que o Filho de Deus se tornou ser humano e compartilhou nossa condição afeta a todos nós. A antiga teologia do intercâmbio, tão próxima da que acabamos de recordar, põe em relevo: "Nosso Senhor Jesus Cristo [...] *por seu amor sem medida* (cf. Ef 3,19), se fez um de nós, para nos aperfeiçoar com a perfeição dele"[189]. A salvação do ser humano não pode ser outra senão a participação na vida de Cristo. Ela tem como único fundamento, na única ordem salvífica existente, na comunicação da vida divina que nos faz Jesus morto e ressuscitado a partir da sua humanidade glorificada, a mesma que recebeu de Maria pela ação do Espírito Santo.

---

188 CIRILO DE ALEXANDRIA. *In Joh. Evang.*, I 9 (PG 73,161-164). Pode-se recordar algumas das formulações de Hilário de Poitiers: *In Mt.* 19,5 (SCh 258,94): "omnium nostrum corpus adsumpsit". • *Tr. Ps.*, 54,9 (CCL 61,146): "universitatis nostrae caro est factus".

189 IRINEU DE LIÃO. *Adv. Haer.* V, praef. • Cf. ORBE, A. *Teología de San Ireneo...* I. Madri/Toledo, 1985, p. 48-49. O motivo do intercâmbio que Irineu já inicia em Adv. Haer (III 18,7; 19,1 (SCh 211,366; 374); IV 20,3; 33,4 (SCh 100, 634; 810) encontrará uma grande acolhida na patrística. Outras referências se encontraram em LADARIA, L.F. *Teología del pecado original y de la gracia.* 3. ed. Madri: BAC, 2001, p. 151.

4.3 A encarnação e a definição do ser humano

Mas há mais: tem sempre algo a ver com Cristo, o Filho encarnado de Deus, o ser humano que é salvo em Cristo? É um fato que, durante séculos, o relacionamento do ser humano com Cristo foi visto mais no campo da redenção e da salvação escatológica do que no da protologia. Este fato é perfeitamente explicado, porque é evidente que o Novo Testamento e a tradição da Igreja insistiram, sobretudo, nessa direção. É a salvação em Cristo a que foi, e continua sendo, objeto primário do anúncio da Igreja. Mas, a teologia das últimas décadas colocou em relevo alguns aspectos presentes na tradição que mostram mais claramente a relação de Cristo com todo ser humano já pelo próprio fato da criação. O Novo Testamento, antes de tudo, afirma que Cristo é a imagem de Deus (2Cor 4,4; Cl 1,15). E, por outro lado, nos diz que o ser humano está chamado a reproduzir a imagem de Cristo, o ser humano celestial (Rm 8,29; 1Cor 15,49; 2Cor 3,18). Esses dados significam alguma coisa para a interpretação cristã de Gn 1,26-27, a criação do ser humano à imagem e semelhança de Deus? Alguns pais dos primeiros séculos assim o entenderam. Primeiramente Irineu, para quem somente com a encarnação do Filho aparece com evidência o que quer dizer que o ser humano é a imagem de Deus; mais ainda, só neste momento se realiza em plenitude o que o Gênesis tinha anunciado: desde o começo mesmo da criação, a terra virgem da qual Deus se serviu para moldar o corpo do primeiro Adão é figura de Maria, a virgem da qual nascerá o novo Adão[190]. Ainda mais claramente indica Tertuliano que no barro com

---

190 IRINEU DE LIÃO. *Demonst.*, 22 (FP 2,106): "E a imagem de Deus é o Filho cuja imagem foi feita o ser humano. Eis aqui por que nos últimos tempos se manifestou, para dar a entender que a imagem era semelhante a si". • 32 (123): "Desta terra, pois, ainda virgem, Deus tomou e formou o ser humano, princípio do gênero humano. Para dar, pois, cumprimento a este ser humano, assumiu o Senhor a mesma disposição de sua corporeidade, que nasceu da uma Virgem pela vontade e sabedoria de Deus [...] para que se cumprisse o que no princípio foi escrito: o ser humano imagem e semelhança de Deus". Cf. tb. *Adv. Haer.*, III

o qual Deus moldou Adão se estava já pensando em Cristo que ia se tornar um ser humano[191]. Aquele que tinha de ser o ser humano mais verdadeiro e mais pleno quis que fosse chamado ser humano, o que ia ser feito segundo a sua imagem e semelhança[192]. Nestas ideias se inspirou o Concílio Vaticano II quando afirmou que o mistério do ser humano só se esclarece no mistério do Verbo Encarnado e que Cristo manifestou plenamente o ser humano ao ser humano (GS 22).

A teologia católica da segunda metade do século XX destacou mais uma vez estas e outras ideias semelhantes. Deve ser necessariamente mencionada a fecunda intuição de Karl Rahner que se referiu à possibilidade da encarnação como a condição de possibilidade da criação. Na encarnação do Filho, a criação de sua humanidade se produziu no fato e pelo fato mesmo de assumi-la, de modo que a humanidade de Jesus não existe se não é enquanto assumida pelo Verbo. Deus pode fazer completamente sua própria a realidade criatural, pode expressar-se nela assumindo-a. Esta capacidade divina, que a encarnação nos mostrou, funda a possibilidade de se expressar na criação; esta, e em particular o ser humano, constitui a gramática da revelação e autoexpressão divinas na encarnação do Filho. Assim, o ser humano é o que surge quando Deus quer ser "Não Deus"[193]. Não é só que a salvação vem através da presença do

---

21,10; 22,3 (SCh 211,428-430; 438); V 16,2 (SCh 153,216). O paralelismo da terra virgem aparece ainda em HILÁRIO DE POITIERS. *Trac. Myst.*, I 2 (SCh 18bis,76).

191 TERTULIANO. *De carnis res.*, 6 (CCL 2,928): "Quodqumque limus exprimebatur, Christus cogitabatur, homo futurus. Id utique quod finxit, ad imaginem Dei fecitillum, scilicet Christi [...]. In limus ille, iam tunc imaginem induens Christi futuri in carne, non tantum Dei opus erat, sed et pignus". A primeira parte desse texto é citada em nota na GS 22.

192 TERTULIANO. *Adv. Prax.*, XII 3-4 (Scarpat 170-172): "Cum quibus enim faciebat et quibus faciebat similem? Filio quidem qui erat induiturus hominem, Spiritui vero qui erat sanctifi caturus hominem [...]. Erat autem ad cuius imaginem faciebat, ad Filii scicilet, qui homo futurus certior et verior, imaginem suam fecerat dici hominem qui tunc de limo formari habebat, imago veri et similitudo".

193 Cf. RAHNER, K. "Para la teología de la encarnación". In: *Escritos de Teología* IV. Madri, 1964, p. 139-157, esp. p. 151-153. Cf. tb. *Grundkurs des Glaubens* –

Filho de Deus no mundo que, com sua morte e ressurreição, nos liberta do pecado e da morte e nos torna partícipes da vida divina; o próprio ser humano desde o princípio foi pensado por Deus para reproduzir a imagem de seu Filho encarnado. No seguimento de Jesus, o "ser humano perfeito", nos tornamos mais humanos, ensina o Concílio do Vaticano II (GS 41; cf. GS 22). A união com Jesus à qual todos somos chamados é graça e dom e não mérito nosso, mas é uma graça que aperfeiçoa intrinsecamente o ser humano, porque desde o princípio não há outra vocação humana senão a conformação com Cristo. Jesus Cristo, o Filho de Deus feito ser humano, entra, assim, desde o princípio na definição cristã de ser humano, não só na salvação do mesmo. "Todos os seres humanos são chamados a esta união com Cristo, luz do mundo, de quem procedemos, por quem vivemos e para quem caminhamos" (LG 3). A encarnação do Filho e tudo o que a segue implica a fé em um único destino da humanidade, em uma vinculação profunda que une todos os seres humanos em uma comunidade de origem e de destino em Jesus Cristo, por meio do qual nos unimos a Deus; uma unidade que se realizará em plenitude somente no mundo futuro, mas da qual agora já temos as primícias (cf. LG 1; 5).

4.4 A relevância universal da encarnação e a teologia das religiões

Nenhum aspecto da teologia cristã pode prescindir do dado fundamental da encarnação do Filho de Deus, e certamente não o poder fazer a teologia das religiões nem a teologia do diálogo inter-

---

Einfuhrung in den Begriff des Christentums. Friburgo/Basileia/Viena, 1976, p. 220-225. H.U. von Balthasar também se referiu à criação como gramática da revelação, cf. *Theologik* – II: Wahrheit Gottes. Einsiedeln, 1985, p. 73, 76. Cf. tb. CORDOVILLA PÉREZ, A. *Gramatica de la encarnación* – La creación em Cristo en la teología de Karl Rahner y Hans Urs von Balthasar. Madri: Universidad Pontificia Comillas, 2004, p. 136-139, 451-457.

-religioso que dela deriva. Há muito tempo, a teologia ocupou-se com a salvação dos não cristãos, e a questão fundamental era como pode chegar a salvação de Cristo, a única existente, àqueles que não o conhecem nem se uniram a Ele pelo batismo. Mas, junto à unicidade da mediação de Cristo se deve afirmar também o alcance universal da mesma, na medida em que está indissoluvelmente ligada à vontade salvífica universal de Deus. E como os seres humanos não vivem isolados em nenhuma ordem da vida, aproximadamente desde a época do Concílio Vaticano II, não é só o problema da salvação das pessoas o que ocupa a atenção da teologia, mas o sentido que para esta salvação pode ter as religiões[194]. E então surgiu o problema: não é menosprezar estas religiões e as figuras de seus fundadores seguir insistindo na mediação exclusiva de Cristo? Pode e deve esta ser mantido ainda? Dois problemas se entrecruzam na discussão contemporânea sobre esses problemas: o do significado universal de Jesus Cristo e a do valor que se deve atribuir às religiões na salvação de seus adeptos e no conjunto do plano de Deus. São exigências incompatíveis? É efetivamente eliminar ou diminuir o valor das religiões pensar quanto de bom há nelas que tem a ver com Cristo, o Filho de Deus encarnado?

Diversos documentos magisteriais da Igreja Católica trataram de harmonizar esses dois extremos. Desde a declaração *Nostra Aetate* do Concílio Vaticano II e dos demais documentos do mesmo concílio (em particular a const. dogmática *Lumen Gentium* e o decreto *Ad gentes*), até a encíclica *Redemptoris Missio* e a recente declaração *Dominus Iesus*[195]. A unicidade e universalidade da mediação de Cristo são claramente afirmadas, ao mesmo tempo, que se assinala

---

194 LADARIA, L.F. "Du 'De vera religione' à l'action universelle de l'Esprit-Saint dans la théologie catholique recente". In: DORE, J. (dir.). *Le christianisme vis-à-vis des religions*, 1977, p. 53-75.

195 Entre essas duas intervenções magisteriais está o documento da Comissão Teológica Internacional: *O cristianismo e as religiões*, de 1996. Cf. COMISSÃO TEOLÓGICA INTERNACIONAL. *Documentos 1969-1996*. Madri: BAC, 1998, p. 557-604.

que esta universalidade não constitui um obstáculo à união dos seres humanos com Deus, mas é o caminho para a mesma (cf. Jo 14,6)[196]. Não pode ser diferente se levarmos em consideração o que dissemos nas páginas anteriores sobre a encarnação, morte e ressurreição de Jesus e seus efeitos universais. O fato inaudito e único de que Deus toma carne humana é uma proximidade divina e, assim, uma exaltação da dignidade do ser humano que não tem comparação. Esta é uma verdade cristã essencial. É lícito reduzir os efeitos dessa encarnação àqueles que creem em Cristo e excluir deles aqueles que sem culpa alguma não o conhecem? Pode outra mediação hipotética de salvação proporcionar ao ser humano o que os cristãos afirmam que Jesus Cristo nos dá, Deus conosco, que nos salvou com o seu mistério pascal e que, ascendido ao céu, continua intercedendo por nós diante do Pai? (cf. Rm 8,34; Hb 7,25; 9,24). Não se pode ignorar a mediação universal de Cristo, partindo-se da base do significado que o Novo Testamento e a tradição da Igreja atribuem à encarnação. O Filho de Deus se fez ser humano para a salvação de todos e, nesta encarnação, Deus se deu a conhecer de modo mais pleno, "ele disse à humanidade *quem é*. É essa autorrevelação definitiva de Deus o motivo pelo qual a Igreja é missionária por natureza"[197].

É precisamente essa universalidade do mistério de Cristo que deixa espaço para sua presença para além das fronteiras visíveis da Igreja. Não podemos esquecer um fecundo ensinamento do Concílio Vaticano II sobre a unicidade da mediação de Cristo: "A única mediação do Redentor não exclui, mas antes suscita nas criaturas uma variedade de cooperação participada que vem da única fonte" (LG 62; cf. id., 60). Este ensinamento de natureza geral, que o Concílio

---

196 JUAN PABLO II. *Redemptoris Missio*, 5: "Os seres humanos não podem entrar em comunhão com Deus se não por meio de Cristo, sob a ação do Espírito Santo. Essa mediação única e universal, longe de ser um obstáculo ao caminho para Deus, é o caminho estabelecido pelo próprio Deus, e deste Cristo tem plena consciência".
197 Cf. ibid.

formula no contexto da mariologia, é recolhido em termos semelhantes na encíclica *Redemptoris Missio*: "Se não se excluem as mediações participadas de vários tipos e ordens, estas recebem significado e valor *unicamente* da mediação de Cristo, e não podem ser consideradas como paralelas ou complementares[198]. A unicidade da mediação de Cristo recebe o seu sentido se é contemplada não só o quanto *exclui* outras mediações da mesma categoria, mas também o quanto *inclui* mediações subordinadas e participadas que dele recebem seu valor e sua força. Nesse sentido, é possível entender quanto os documentos a que nos referimos dizem sobre os valores das religiões. Os esforços, inclusive os religiosos, com os quais o ser humano de muitas maneiras buscou a Deus, podem ser considerados como preparação evangélica (AG 3). É preparação evangélica quanto nas religiões existe de bom e de verdadeiro (LG 16). Nos diferentes povos e culturas há elementos de verdade e graça que, com a pregação evangélica, são restituídos a seu autor, Cristo. Quanto de bom se acha semeado nas culturas e nos ritos (alusão às religiões), não é abolido, mas sanado (AG 9). É notável a referência a Cristo, autor de todo bem, e à semeadura, que recorda a antiga teologia das sementes do Logos. A elas se faz menção mais explicitamente no mesmo documento: os cristãos devem descobrir com gozo as sementes da Palavra nas tradições nacionais e religiosas de diferentes povos (AG 11). Nas religiões existem elementos santos e verdadeiros e seus ensinamentos não raro (*haud raro*) refletem um lampejo daquela verdade que ilumina todos os seres humanos (NA 2). Não é, portanto, alheio à mente do Concílio descobrir uma presença de Cristo nas religiões, por mais que nos recordem também o quanto estas ensinam nem sempre está em consonância com o que a Igreja professa (NA 2), que as riquezas dos diversos povos devem ser

---

198 Cf. ibid. A Declaração *Dominus Iesus* 14 relaciona expressamente isso em duas passagens. A primeira faz referência primordialmente à participação intraeclesial na mediação de Cristo, a segunda se refere ao âmbito extraeclesial.

examinados com a luz evangélica (AG 11), e que há nelas elementos que devem ser sanados, elevados e aperfeiçoados (AG 9)[199].

A *Redemptoris Missio* afirmou que embora se descobrem e valorizem os dons de todo tipo e, sobretudo, as riquezas espirituais que Deus deu a todos os povos, não podemos separá-las de Cristo[200]. Ao mesmo tempo em que recolhe o tema das sementes do Verbo, já presente nos documentos do Concílio Vaticano II, a encíclica insiste na presença do Espírito Santo nos povos, culturas e religiões: "A presença e a atividade do Espírito não afetam somente aos indivíduos, mas à sociedade e à história, aos povos, às culturas, às religiões". É Cristo ressuscitado o que atua em virtude de seu Espírito, que é o que distribui as sementes do Verbo para preparar os povos a amadurecerem em Cristo[201]. E se afirma ainda que o Espírito que não é alternativo a Cristo, nem preenche um vazio que algumas vezes se supõem que pode existir entre Cristo e o Logos. "Quando o Espírito opera no coração dos seres humanos e na história dos povos, nas culturas e nas religiões, assume uma função de preparação evangélica e não pode não estar em referência a Cristo, o Verbo feito carne pela ação do Espírito [...]"[202]. Por outro lado, a Igreja trata de descobrir as sementes do Verbo e os raios da verdade que se encontram nas pessoas e nas tradições religiosas da humanidade, reconhece nelas

---

199 Mais ou menos nos tempos conciliares, K. Rahner, que foi um dos primeiros a reconhecerem os valores positivos das religiões, insistia nas imperfeições e inclusive depravações que nestas podem ter lugar. Cf. "El cristianismo y las religiones no cristianas". In: *Escritos de* Teología, V. Madri: Taurus, 1964, p. 135-156, esp. p. 141, 146 e 150. Cf. LADARIA, L.F. "Karl Rahner: Cristo nelle religioni del mondo". In: SANNA, I. (ed.). *L'eredità teologica di Karl Rahner*. Roma, 2005, p. 243-269.

200 Cf. *Redemptoris Missio*, 6. Nesse contexto, recorda-se o ensinamento do Concílio Vaticano II, GS 22: "Dado que com a encarnação o Filho de Deus uniu-se de certo modo a todo ser humano", "devemos manter (*tenere*) que o Espírito Santo dá a todos a possibilidade de ser associados, do modo que Deus conhece, ao mistério pascal. O desígnio divino é 'recapitular em Cristo todas as coisas, as do céu e as da terra' (Ef 1,10)".

201 JUAN PABLO II. *Redemptoris Missio,* 28. Cf. *Redemptor Hominis*, 11.

202 Ibid., 29.

os sinais da presença de Cristo e do Espírito[203]. Tampouco falta aqui a advertência de que junto a essa presença divina nas tradições espirituais dos povos e, concretamente, em suas religiões, existem nelas "lacunas, insuficiências e erros"[204]. Evidentemente uma prudência elementar impede fazer afirmações globais positivas sobre o fenômeno religioso em sua totalidade, dada a enorme amplitude do mesmo e as ambiguidades que por vezes o acompanham[205].

A declaração de *Dominus Iesus*, além de recolher alguns pontos dos documentos anteriores, insiste em que as várias tradições contêm e oferecem elementos religiosos que vêm de Deus, e que fazem parte do que o Espírito opera nos corações dos seres humanos e nas culturas e religiões. Alguns elementos de outras religiões podem servir como preparação evangélica, na medida em que são caminhos ou pedagogia para que os seres humanos abram seus corações à ação de Deus[206]. Se faz uma menção específica aos livros sagrados das religiões: "Os livros sagrados de outras religiões, que de fato nutrem e guiam a existência de seus seguidores, recebem do mistério de Cristo aqueles elementos de bondade e de graça que estão presentes neles"[207].

Se algo podemos reter destes textos é para sinalizar como com frequência a menção explícita de Cristo aparece quando se trata de reconhecer a existência de riquezas espirituais, de elementos de bondade e de graça nas diversas religiões. A teologia cristã das religiões parte do significado universal de Cristo e sua encarnação. Caso contrário ficam comprometidos o significado universal e a mediação

---

203 Cf. ibid., 56.

204 Ibid., 55. As palavras entre aspas vêm do discurso de Paulo VI na abertura da segunda sessão do Concílio Vaticano II. A declaração *Dominus Iesus,* 21, indica, em referência a RM 55, que alguns elementos das religiões podem ser obstáculos à salvação eterna. Os textos DI e de RM, contudo, não coincidem exatamente.

205 Cf. COMISSÃO TEOLÓGICA INTERNACIONAL. *O cristianismo e as religiões,* 87. Cf. *Documentos...* 591.

206 Cf. *Dominus Iesus,* 21.

207 Ibid., 8.

única que o Novo Testamento e a tradição da Igreja atestam. Falar de elementos de bondade e de graça, de raios da verdade, de sementes do Verbo, significa falar de Cristo, em quem se manifestou a graça de Deus (cf. Tt 2,11), que é a verdadeira luz que ilumina a todo ser humano (Jo 1,9), que é a verdade (Jo 14,6), que é a única Palavra na qual Deus se deu a conhecer inteiramente aos seres humanos. Se se quer manter a vontade salvífica universal de Deus e a unicidade da mediação de Cristo tal como o Novo Testamento os apresenta, a única resposta possível é a de contemplar uma presença misteriosa, mas não menos real, de Cristo, o Filho de Deus encarnado. A tradição da Igreja oferece ampla base para afirmá-la e, direta ou indiretamente, muitos desses elementos foram reavaliados nos últimos tempos.

Quando consideramos, portanto, a partir do ponto de vista cristão, a teologia das religiões, não podemos esquecer que a primeira questão teológica que se apresenta é a do significado universal da encarnação, por nós e por nossa salvação, salvação realizada, sobretudo, no mistério pascal. É manter em toda a sua força o escândalo da cruz (cf. 1Cor 1,17.23; Gl 6,14) e o escândalo da encarnação[208]. Os dois se implicam mutuamente. O compromisso de Deus para com a humanidade na encarnação é tal, que o Filho, desde o momento da encarnação e depois da sua ressurreição e ascensão ao céu, existe

---

208 TERTULIANO. *De carne Christi*, 5,1-8 (CCL 2,880-882): "Que coisa há mais indigna de Deus ou de que coisa se deve envergonhar mais? De nascer ou de morrer? De levar a carne ou de levar a cruz? De ser circuncidado ou ser crucificado? De ser depositado em um berço ou ser colocado em um túmulo? [...] Não retire a única esperança do mundo inteiro. Por que eliminar a vergonha necessária da fé? O que é indigno de Deus a mim me convém: sou salvo se não serei confundido por causa do meu Senhor [...]. O Filho de Deus foi crucificado: não me envergonho porque tem que envergonhar-se. O Filho de Deus morreu: é crível porque é incrível [...]. Mas como serão verdadeiras estas coisas em Cristo, se o próprio Cristo não foi verdadeiro, se não tivesse em si mesmo verdadeiramente o que poderia ser pendurado da cruz, morto, sepultado e ressuscitado [...]. Assim, nos mostrou a realidade da sua dupla substância, o ser humano e Deus, nascido e não nascido, carnal e espiritual, fraco e fortíssimo, moribundo e vivo [...]. Por que cortar Cristo ao meio com mentiras? Todo inteiro foi verdade".

apenas com a humanidade que assumiu e que uniu hipostaticamente. *"Quod semel adsumpsit nunquam dimisit"*, reza um axioma implícito na cristologia e soteriologia dos primeiros séculos, diante das correntes gnósticas, que desprezavam a carne do Senhor[209]. Nesta mesma linha, se deve colocar as conhecidas declarações de São Leão Magno, sobre a atuação de Cristo segundo as suas duas naturezas, mas na unidade profunda da pessoa, de modo que, depois da encarnação, não se realizam as ações divinas se a humanidade nem as humanas sem a divindade[210]. Por isso explica-se facilmente por que a declaração *Dominus Iesus* considera em franco contraste com a fé cristã a tese necessária "para justificar, por um lado, a universalidade da salvação cristã e, por outro, o fato do pluralismo religioso" pensam que existem "contemporaneamente uma economia do Verbo eterno válida também fora da Igreja e sem relação com ela, e uma economia do Verbo Encarnado. A primeira teria uma mais-valia de universalidade em relação à segunda, limitada apenas aos cristãos, embora nela a presença de Deus seria mais plena"[211]. Esta pretensa solução do problema tropeça, por um lado, com o evidente obstáculo das nítidas afirmações do Novo Testamento e de toda a tradição da Igreja sobre a mediação única de Cristo e sobre a salvação que nos vem por sua morte e ressurreição; ou, em outras palavras, sobre o valor universal da obra da salvação levada a cabo em e mediante a humanidade de Jesus. Mas, por outro lado, talvez menos visível, supõe uma compreensão deficiente da encarnação do Filho, como se este pudesse agir para a salvação dos seres humano de tal maneira que sua humanidade se colocasse de alguma maneira entre parênteses. Esta não é a concepção cristã da encarnação do Verbo. Cristo assumiu a natureza humana irrevogavelmente e esta é a esperança de salvação

---

209 Cf. GONZÁLEZ DE CARDEDAL, O. *Cristología*. 2. ed. Madri: BAC, 2005, p. 546.
• ORBE, A. *En torno a la encarnación*. Burgos: Aldecoa, 1985, p. 205-219.

210 Cf. DH 294; 317-318.

211 *Dominus Iesus* 9. Cf. ibid., 10.

para toda a humanidade[212]. Pensar em uma presença salvífica do Verbo eterno, na qual sua humanidade de algum modo fique entre parênteses para aqueles que vivem fora das fronteiras visíveis do cristianismo significa uma tentativa de diminuir ou enfraquecer a presença divina no mundo. Já não temos mais o "Deus conosco" com a radicalidade com que o Novo Testamento nos apresenta (cf. Mt 1,23), não temos o Verbo que em sua encarnação se une a todo ser humano. A teologia cristã das religiões deve reconhecer a presença misteriosa de Cristo, Filho de Deus encarnado, enquanto elementos de verdade e de graça e de ajuda para a salvação que podem encontrar-se nelas. Caso contrário, pode introduzir-se em Cristo uma separação ilegítima[213]. Por querer, justamente, manter a distinção das naturezas, corre-se o risco de estabelecer entre elas uma separação, igualmente contrária à definição de Calcedônia, e de esquecer o sentido e o alcance da unidade da pessoa de Cristo, um e o mesmo nas duas naturezas.

4.5 A encarnação e do dom do Espírito

Na teologia cristã das religiões e do diálogo inter-religioso, o tema da ação do Espírito Santo não pode ser deixado de lado. Nos textos que brevemente citamos ou aos quais aludimos ele apareceu com frequência. O significado universal de Cristo e sua mediação única estão necessariamente relacionados à ação do Espírito, que não conhece fronteiras. Com efeito, ainda que o Espírito se manifeste de

---

212 Ibid., 10: "Não é compatível com a doutrina da Igreja a teoria que atribui ao Verbo como tal uma atividade salvífica que seria exercida 'à margem' e 'para além' da humanidade de Jesus Cristo também depois da encarnação". • COMISSÃO TEOLÓGICA INTERNACIONAL. *O cristianismo e as religiões*, 39: "Nem uma limitação da vontade salvadora de Deus, nem a admissão de mediações paralelas à de Jesus, nem uma atribuição desta mediação universal ao Logos não identificado com Jesus são compatíveis com a mensagem do Novo Testamento".

213 *Redemptoris Missio*, 6: "É contrário à fé cristã introduzir qualquer separação entre o Verbo e Jesus Cristo".

maneira particular na Igreja e em seus membros, e a presença e os efeitos da mesma são universais, sem limites de espaço ou tempo. Se ele exerce uma ação peculiar no corpo de Cristo que é a Igreja, não se pode separar dela a ação universal que realiza ao derramar sobre o mundo as sementes do Verbo, ao semear e desenvolver seus diferentes dons em todos os povos[214]. "O Espírito do Senhor encheu toda a terra" (Sb 1,7); e o próprio Espírito é comparado ao vento que sopra onde quer sem que saibamos de onde vem nem para onde vai (cf. Jo 3,8). É esta ação do Espírito mais ampla que a ação de Cristo? Deve-se pensar em uma presença do Espírito nas religiões não cristãs e em seus seguidores que o fruto da doação do Filho "como tal" e não o dom de Pentecostes, de Jesus Cristo ressuscitado e assunto ao céu? Em outras palavras: a presença do Espírito é mais universal que a de Jesus encarnado, morto e ressuscitado?

O elo profundo entre a vida de Cristo e o Espírito foi destacado desde os tempos antigos[215]. O Espírito está presente desde o momento da encarnação de Jesus (cf. Mt 1,18.20; Lc 1,35). No quarto Evangelho nos é transmitido o testemunho de João Batista que disse que viu o Espírito descer sobre Jesus e permanecer sobre ele (cf. Jo 1,32-34). O motivo da permanência é novo no que diz respeito às narrativas do batismo nas sinóticos, das quais a descida do Espírito sobre Jesus é também um elemento essencial (cf. Mc 1,9-11 par.). Outras passagens neotestamentárias se referiram a este momento como a unção de Jesus (cf. Lc 4,18; At 10,38). Jesus se oferece ao Pai em sua paixão em virtude de um Espírito eterno (At 9,14), ele é

---

214 Cf. ibid., p. 28-29.

215 Cf., p. ex., BASÍLIO MAGNO. *De Spiritu Sancto,* 16,39 (SCh 17bis, 386): "O plano de salvação para os seres humanos [...] quem pode duvidar que se cumpre com a graça do Espírito Santo [...]. Em primeiro lugar Ele estava na mesma carne do Senhor, convertido em unção e de maneira inseparável, segundo está escrito: 'Aquele sobre o qual verás descer e permanecer o Espírito é meu Filho amado' (Jo 1,33; Lc 3,22). E: 'Jesus de Nazaré, a quem Deus ungiu com o Espírito Santo' (At 10,38). E depois toda a atividade de Cristo foi levada a cabo com a presença do Espírito Santo".

constituído Filho de Deus em poder pelo Espírito de santidade pela ressurreição dentre os mortos (cf. Rm 1,4).A efusão do Espírito por parte do Senhor ressuscitado, glorificado à direita do Pai, mostra que chegou os tempos messiânicos profetizados desde a antiguidade (cf. At 2,16ss.). Na antiga tradição da Igreja, a presença do Espírito em Jesus durante a sua vida mortal e a efusão do mesmo após a ressurreição foram vistas em íntima relação. Para Justino, com a vinda de Jesus cessou o dom da profecia entre os judeus, porque uma nova efusão do Espírito que devia ter em Jesus seu único princípio[216]. E para Irineu de Lião, o Espírito veio no Rio Jordão sobre o Filho de Deus feito ser humano para que nós pudéssemos ser salvos ao receber da abundância de sua unção[217].

É, portanto, perfeitamente coerente com o Novo Testamento, e responde plenamente à tradição da Igreja, afirmar que o mistério do Verbo encarnado é o lugar da presença do Espírito Santo e o princípio de sua efusão à humanidade[218]. É o lugar de sua presença, porque em Cristo repousa e permanece o Espírito, porque em sua humanidade se habitua a estar entre os seres humanos[219]. É o princípio de sua efusão uma vez glorificada (cf. Jo 7:39) porque o Espírito agora penetra plenamente sua humanidade, já não mais submetida à morte; assim, pelo mesmo Espírito, podemos nos tornar partícipes da vida divina que agora Cristo possui em plenitude. A missão de

---

216 Cf. *Dial. Tryph.*, 87,3-6 (PTS 47,222).

217 *Adv. Haer.* III 9,3 (SCh 211,112): "Secundum id quod Verbum Dei homo erat ex radice Iesse et filius Abrahae, secundum hoc requiescebat Spiritus Dei super eum et unguebatur ad evangelizandum humilibus [...]. Spiritus ergo Dei descendit in eum, eiusqui per profetas promiserat uncturum se eum, ut de abundantia unctionis sius nos percipientes salvaremur". • ATANÁSIO DE ALEXANDRIA. *Contra Arianos*, I 47 (PG 26,109): "Não é, portanto, o Logos enquanto é Logos e Sabedoria o que é ungido com o Espírito Santo que Ele dá, mas que é a carne assumida que é ungida nele e por Ele, para que a santificação que veio sobre Ele Senhor enquanto ser humano pode passar a todos os seres humanos".

218 Cf. *Dominus Iesus*, 12.

219 Cf. IRINEU DE LIÃO. *Adv. Haer.* III 17,1 (SCh 211, 330).

Cristo ao mundo em sua encarnação e a missão do Espírito Santo não são simplesmente justapostas, mas implicam-se mutuamente. O Espírito é comunicado a nós como dom de Cristo ressuscitado. Por esta razão, ele é chamado o Espírito de Cristo, de Jesus, de Jesus Cristo [...] (cf. Rm 8,9; 1Pd 1,11; At 16,7; Fl 1,19; Gl 4,6...). Brota de sua humanidade glorificada[220]. O Novo Testamento não conhece uma doação do Espírito Santo que não esteja ligada à ressurreição de Jesus e que não esteja orientada à consumação de sua obra salvadora. O Espírito universaliza, internaliza e atualiza a obra de Cristo[221]. Sua ação não é colocada fora ou como alternativa à de Cristo. Há uma só economia de salvação, que tem sua origem na iniciativa do Pai, que tem seu centro nos mistérios da vida, morte e ressurreição de Cristo, cujos efeitos chegam a todos os confins da terra graças à ação do Espírito, dom do Pai e, ao mesmo tempo, de Jesus Cristo ressuscitado.

A humanidade glorificada de Cristo enche o universo. Não limita nem é obstáculo à presença universal do Espírito, uma vez que esta humanidade, espiritualizada e divinizada, supera todas as limitações de tempo e do espaço. Cheia do Espírito, é convertida pela ação do próprio Espírito, em "espírito vivificante" (1Cor 15,45). A humanidade gloriosa do Senhor está penetrada pelo Espírito. A partir dela chega a todos os seres humanos o influxo e a ação deste último como Espírito do ressuscitado. Se o Espírito não levasse o selo da humanidade glorificada do Senhor ele não poderia nos conformarmos com Cristo. Há outro caminho de salvação que não seja o seguimento de Cristo (na medida em que esta é possível segundo as condições de cada pessoa) e outro conteúdo da salvação mesma, senão a configuração com Cristo e a participação em sua vida? Este é

---

220 Ibid. III 24,1 (SC 211,472): "deposita est [in Ecclesia] communicatio Christi, id est Spiritus Sanctus. • Ibid. (474): "[...] neque percipiunt de corpore Christi procedentem nitidissimum fontem [...]".

221 Cf. GONZÁLEZ DE CARDEDAL, O. *Dios*. Salamanca, 2004, p. 52.

outro ponto que não podemos deixar de ter em mente ao considerar o valor da encarnação no contexto da teologia das religiões.

4.6 A configuração com Cristo glorificado, plenitude para todos os seres humanos

Com efeito, o Novo Testamento frequentemente nos apresenta a salvação como a participação na vida da humanidade glorificada de Jesus (cf., entre outros lugares, Jo 14,1-3; 17,24-26; Rm 8,16-17.29; 1Cor 15,45-49; Ef 1,3-14; Cl 3,1-4). Na tradição da Igreja se tem colocado frequentemente de relevo quando o Novo Testamento fala sobre a glorificação de Cristo, sua exaltação etc., refere-se à sua natureza humana, visto que na divina não pode crescer nem se aperfeiçoar[222]. A partir dessa distinção assinala-se que o que é dito da perfeição de sua condição humana também é dito da nossa, em virtude da inclusão de todos nele, tal como já nos referimos[223]. O conteúdo de nossa salvação está, portanto, essencialmente ligado à plenitude da vida divina que Jesus recebe em sua humanidade. Somos todos chamados a nos inserir em seu corpo, que é a Igreja, que não terá seu pleno cumprimento até que todo o gênero humano e todo o universo sejam completamente renovados[224]. A fé cristã parte do pressuposto da unidade de toda a humanidade, pela sua origem em

---

222 Cf. LEÃO MAGNO. Carta "Promississe me memini" (DH 318). • Hilário DE POITIERS. *De Trinitate*, III 16; XI 18-19 (CCL 62, 87-88; 62 A, 547-550).

223 Cf. ATANÁSIO DE ALEXANDRIA. *De incarnatione Verbi et contra Arianos*, 12 (PG 26,1.004):"Tudo aquilo que a Escritura diz que Jesus recebeu, o diz por causa de seu corpo, que é a primícia da Igreja. [...] Em primeiro lugar, o Senhor ressuscitou seu próprio corpo e exaltou-o em si mesmo; depois Ele ressuscitou todos os membros, para dar-lhes, como Deus, tudo o que Ele recebeu como ser humano". • Ibid., 21 (1021): "Quando Pedro diz: 'Saiba, pois, com certeza toda a casa de Israel que Deus constituiu Senhor e Cristo àquele Jesus que vós crucificou' (At 2,36), não é da divindade que ele diz que foi constituído Senhor e Cristo, mas de sua humanidade, que é toda a Igreja". A Igreja é, tendencialmente pelo menos, toda a humanidade, uma vez que toda ela foi assumida pelo Filho na encarnação".

224 Cf. LG 48.

Adão e, sobretudo, pelo seu destino em Cristo. Não é concebível que a salvação que o Novo Testamento nos apresenta seja apenas para os cristãos e não para aqueles que não conhecem a Cristo. Não é teologicamente concebível que para eles a salvação tenha características diferentes[225], se o mistério de Cristo ultrapassa os limites do espaço e do tempo e realiza a unidade da família humana[226]. E se isso é assim, podemos pensar em outros caminhos além do de Cristo para alcançar a uma única meta que seria Ele? Tal solução ignoraria o nexo íntimo que existe entre o mediador da salvação e a própria salvação. Quem, se não o próprio Jesus, por meio do seu Espírito, pode comunicar-nos a plenitude da vida divina que ele desfruta, outrora glorificada, também em sua humanidade? A humanidade de Cristo tem um significado eterno para o nosso relacionamento com Deus[227].

4.7 Conclusão

A presença universal do Espírito de Cristo é o princípio que permite uma avaliação positiva de muitos elementos das religiões. Pensar em complementos à revelação ocorrida em Cristo, em quem habita corporalmente toda a plenitude da divindade (cf. Cl 2,9), ou em vias paralelas de salvação que não passam por Jesus encarnado, morto e ressuscitado, é, na realidade, esquecer o grande mistério de

---

225 COMISSÃO TEOLÓGICA INTERNACIONAL. *O cristianismo e as religiões*, 49 (*Documentos...* 576): "Sendo Jesus o único mediador, que leva a cabo o desígnio salvífico do único Deus Pai, a salvação para todos os seres humanos é única e a mesma: a plena configuração com Jesus e comunhão com Ele na participação de sua filiação divina. Devemos excluir, consequentemente, a existência de diversas economias para aqueles que acreditam em Jesus e aqueles que não acreditam nele".

226 Cf. *Dominus Iesus*, 23.

227 Cf. os artigos já clássicos e amplamente aceitos de K. Rahner: "Eterna significación de la humanidad de Jesús para nuestra relación con Dios". In: *Escritos de Teología*, III. Madri, 1967, p. 47-59. • ALFARO, J. "Cristo glorioso, revelador del Padre". In: *Cristología y antropología* – Temas teológicos actuales. Madri, 1973, p. 141-182.

Cristo que se fez ser humano por todos; e significa, consequentemente, não dar todo seu peso e seu valor à presença de Deus entre os seres humanos; esta não afetaria realmente a todo gênero humano. Por suposto que, de acordo com a teologia cristã, a encarnação do Filho de Deus, e sua morte e ressurreição, é a máxima presença divina e, portanto, salvadora, no mundo. Pensar que, por caminhos que Deus sabe, essa presença pode ser viva e operante nas religiões em virtude do Espírito de Jesus Cristo não parece que seja tê-las em menor consideração. A Igreja está chamada a descobrir, no diálogo inter-religioso, as sementes do Verbo e os raios da verdade que se encontram nas tradições religiosas da humanidade, e descobrir nelas os sinais da presença de Cristo e da ação do Espírito[228]. Com isso, a Igreja se enriquece, porque não poder ter nunca plena consciência da grandeza do mistério de Cristo na variedade de suas manifestações multiformes. O mistério de Cristo, que só pode ser vivido em plenitude na Igreja, está presente em todos os confins da terra. A Igreja é, enquanto corpo de Cristo, o lugar privilegiado da presença do Espírito[229], na qual ela goza da plenitude dos meios de salvação, mas o próprio Espírito oferece a todos os seres humanos a possibilidade de serem associados, do modo que Deus conhece, ao mistério pascal[230]. O mistério de Deus feito ser humano para nos salvar, cume e plenitude da revelação, está no centro da mensagem cristã. Não se

---

228 Cf. *Redemptoris Missio*, 56. Cf. tb. ibid., 29.

229 IRINEU DE LIÃO. *Adversus Haereses*, III 24,1 (SCh 211,474): "Onde está o Espírito do Senhor ali está a Igreja, e onde está a Igreja, ali está o Espírito do Senhor, e toda graça [...]. Nos bastará aqui insinuar a dimensão eclesiológica dessa relevância universal da salvação de Cristo, que não pode ser separada de seu corpo, sacramento – isto é, sinal e instrumento –, da união dos seres humanos com Deus que se realiza somente em Cristo". • *Redemptoris Missio,* 10: "Para eles [aqueles que não conhecem a Cristo] a salvação de Cristo é acessível em virtude de uma graça que, embora tenha uma misteriosa relação com a Igreja, não os introduz formalmente nela, mas os ilumina de maneira apropriada à sua situação interior e ambiental. Essa graça provém de Cristo, é fruto do seu sacrifício e é comunicada pelo Espírito Santo".

230 Cf. GS 22.

pode deixar de lado quando se trata de avaliar teológica o fenômeno das tradições religiosas da humanidade.

"Solus enim passurus pro omnibus omnium peccata solvebat, nec socium admittit quidquid universitati praestatur ab uno (Somente Ele iria padecer por todos e redimir os pecados de todos, e não admite companheiro o que se dá a todos por um só)"[231]. Jesus é o único redentor de todos, e embora, unido a todos os seres humanos, tem muitos companheiros, não o tem na unicidade de sua ação redentora. Ele é o único que, padecendo por todos, dá a todos, à universalidade do gênero humano, a vida e a salvação. O Filho unigênito do Pai, feito ser humano por nós, é o único salvador. Dele vem à humanidade todos os bens da salvação, e somente dele nos podem vir. Somente nele alcançam os seres humanos a união com Deus, ninguém vai ao Pai se não for por Jesus (Jo 14,5-6). Pensar que a plenitude humana pode chegar por caminhos que não seja o Verbo feito nosso irmão é ter pouca consideração pela nossa salvação[232] e a dos demais seres humanos.

---

231 HILÁRIO DE POITIERS. *In Mt.* 14,16 (SCh 258,30).

232 *2ª Carta de Clemente,* I 1-2 (FP 3,177): "É necessário que demos o devido valor à nossa salvação. Pois, se a tivermos em baixa estima, também pouco esperamos alcançar".

5

O cristianismo e a universalidade da salvação[233]

5.1 Algumas indicações do Concílio Vaticano II

Este tema desenvolvido precisamente em um contexto comemorativo do final do Concílio Vaticano II, certamente corresponde ao espírito profundo que animou o Concílio a transmitir uma mensagem de esperança para toda a humanidade. A constituição pastoral *Gaudium et Spes* já diz em seus inícios:

> Assim, a Igreja tem diante de si o mundo, isto é, toda a família humana com todo o conjunto de realidades entre as quais vive; o mundo, teatro da história do gênero humano, marcado pelos por suas buscas, seus infortúnios e suas vitórias; o mundo que os cristãos acreditam fundado e conservado pelo amor do Criador, que se encontra certamente sob a escravidão do pecado, mas que, vencido o poder do maligno, foi libertado por Cristo crucificado e ressuscitado, para que se transforme segundo o desígnio de Deus e chegue a alcançar sua consumação (GS 2).

O horizonte no qual se coloca a preocupação pelo gênero humano é o da Boa-nova da salvação, que a Igreja recebeu e deve

---

233 Publicado em *Estudios Eclesiásticos*, 81, 2006, p. 353-381.

comunicar a todos (desígnio de Deus e chegue a alcançar sua consumação (GS 1,3). O olhar para dentro e para fora da Igreja, o olhar para o alto e a contemplação do mundo que nos rodeia, se harmonizam na convicção de que Cristo não é indiferente a nenhuma pessoa e que sua Igreja, no próprio Cristo, é como o sacramento, isto é, sinal e instrumento da união com Deus e da unidade de todo o gênero (LG 1; GS 42). Esses dois elementos estão profundamente ligados entre si, se implicam e se condicionam mutuamente. Deus não quis salvar os seres humanos individual ou isoladamente, mas quis constituir um povo (LG 9), convocar os crentes na Igreja (LG 2); reuni-los na unidade, em uma unidade que nenhum ser humano pode considerar-se excluído: "Todos os seres humanos são chamados a esta união com Cristo, luz do mundo, de quem procedemos, por meio de quem vivemos e para quem caminhamos" (LG 3).

Sem pretender repassar todos os textos em que a universalidade da salvação de Cristo é contemplada no Concílio, não podemos deixar de mencionar o direcionamento ao povo de Deus daqueles que ainda não receberam a luz do Evangelho, tal como expõe a constituição dogmática *Lumen Gentium* em seu n. 16, da qual seleciono apenas algumas linhas:

> A providência divina não nega a ajuda necessária para a salvação daqueles que, sem culpa, ainda não alcançaram um conhecimento claro de Deus, mas se esforçam, não sem a graça divina, para alcançar uma vida justa. Tudo o que é bom e verdadeiro que se encontra entre eles é apreciado pela Igreja como preparação para o evangelho e como dado por aquele que ilumina todos os seres humanos para que finalmente todos tenham vida.

E ao sublinhar o caráter missionário da Igreja, a mesma constituição acrescenta:

> [A Igreja] com sua obra alcança que tudo o que é bom e se encontra semeado no coração e na mente

dos seres humanos ou nos ritos e nas culturas dos povos não somente não pereça, mas que seja sanado (*sanetur*), elevado (elevetur) e levado à perfeição (consummetur), para a glória de Deus, confusão do demônio e felicidade do ser humano [...]. Assim, pois, a Igreja reza e trabalha ao mesmo tempo, para que o mundo inteiro passe a formar parte do Povo de Deus, do Corpo do Senhor e Templo do Espírito Santo e em Cristo, cabeça de todos, se dê ao Criador e Pai de todos toda honra e glória (LG 17).

Precisamente o mesmo vocabulário da LG se encontra no decreto *Ad Gentes:*

[A atividade missionária] liberta de contágios malignos tudo quanto de verdade e de graça se encontrava entre o povo como uma presença velada de Deus, e o restitui ao seu autor, Cristo [...]. Assim, pois, todo o bem que se encontra semeado no coração e na mente dos seres humanos, e nos ritos e nas culturas dos povos, não só não perece, como é sanado, elevado e aperfeiçoado (*sanatur, elevatur et consumamatur*) para a glória de Deus, confusão do demônio e felicidade do homem (AG 9).

Com uma perspectiva cristológica ainda mais diretamente cristológica a constituição pastoral *Gaudium et Spes* aborda a questão da universalidade da salvação em um fragmento citado com muita frequência:

Isto [a associação ao mistério pascal e a configuração com a morte de Cristo] é válido não apenas para os cristãos, mas também para todos as pessoas de boa vontade, em cujo coração opera a graça de modo invisível. Pois, já que Cristo morreu por todos e a última vocação do ser humano é uma só, a divina, devemos afirmar que o Espírito Santo oferece a todos a possibilidade, do modo conhecido de Deus, de ser associado ao mistério pascal (GS 22)[234].

De resto, *Lumen Gentium* insiste repetidamente na mediação única de Cristo (cf. LG 8, 14, 49; 60; 62; AG 7).

A declaração *Nostra Aetate*, por sua vez, insiste desde o início na única origem e na única meta de todos os seres humanos: "Todos os povos formam uma comunidade, eles têm a mesma origem, dado que Deus fez habitar todo o gênero humano sobre a face da terra (cf. At 17,26) e tem também um fim último, que é Deus, cuja providência, manifestação de bondade e desígnios de salvação se estendem a todos os seres humanos"(NA 1). Não se pode considerar separadamente este desígnio universal de salvação e o reconhecimento da presença de elementos santos e verdadeiros nas religiões do mundo:

> A Igreja Católica não rejeita nada do que é verdadeiro e sagrado nestas religiões. Considere com sincero respeito os modos de agir e de viver, os preceitos e doutrinas que, por mais que discordem em muito do que ela professa e ensina, não raro refletem um raio daquela Verdade que ilumina a todos os seres humanos. Anuncia e tem a obrigação de anunciar constantemente a Cristo, que é *o caminho, a verdade e a vida* (Jo 14,6), em quem os seres humanos encontram a plenitude da vida religiosa e em quem Deus reconciliou consigo todas as coisas (cf. 2Cor 5,18-19) (NA 2).

---

234 Outras referências à única vocação divina do ser humano e à unidade do gênero humano em GS 24: "Omnes enim creati ad imaginem Dei, qui fecit *ex uno omne genus hominum inhabitare super universam faciem terrae* (At 17,26) ad unum eumdemque finem, id et ad Deum ipsum, vocantur". • Ibid., 29: "Cum omnes homines, anima rationali pollentes et ad imaginem Dei creata, eamdem naturam eamdemque originem habeant, cumque, a Christo redempti, eadem vocatione et destinatione divina fruantur [...]" • Ibid., 92: "Cum Deus Pater principium omnium exsistet et finis, omnes ut fratres simus vocamur". Nestas afirmações conciliares combinam-se os motivos da unidade do gênero humano, da criação de todos os seres humanos à imagem de Deus e do destino último que é o próprio Deus. Sem dúvida, a universalidade do desígnio da salvação está na base de todas essas passagens.

5.2 Alguns desenvolvimentos da teologia recente em torno da universalidade da salvação

Não é difícil para a maioria dos nossos cristãos contemporâneos essa perspectiva universal de salvação que o Concílio abre para nós, recolhendo além disso, e citando com frequência explicitamente, afirmações importantes do Novo Testamento: "Deus, nosso salvador [...] quer que todos os seres humanos sejam salvos e cheguem ao pleno conhecimento da verdade. Porque existe um só Deus, e também um único mediador entre Deus e os seres humanos, Cristo Jesus, ser humano também, que se entregou a si mesmo em resgate por todos. Este é o testemunho dado no tempo oportuno [...]" (1 Tm 2,2-7). Não é de surpreender que na teologia pós-conciliar a questão da salvação de todos logo adquirisse especial relevância. Com efeito, muitos motivos estão entrelaçados nela: desde os estritamente teológicos, a imagem e a noção de Deus amor que o cristianismo professa, os cristológicos, em particular o sentido universal da obra redentora de Cristo, e, como consequência deles, os antropológicos, o ser humano imagem de Deus e seu único destino sobrenatural, e os escatológicos, a realização final do desígnio salvador. Para citar apenas um exemplo ilustre entre tantos outros, no último volume de sua Theodramática, dedicada precisamente ao "último ato", H.U von Balthasar, ao falar do mistério da condenação eterna, faz uma afirmação que inevitavelmente nos faz pensar:

> Enquanto a *gloria Dei* permanece assegurada em qualquer caso, tanto se ele salva como se condena, o problema não se torna agudo. Mas quando a finalidade da criação está mais intimamente vinculada à vida trinitária, então o problema parece inevitável. Aqui devemos estar conscientes dos limites da especulação humana (falamos de "esperança de redenção universal" como horizonte mais extremo a ser alcançado), mas não devemos permanecer atrás da audácia dessa

esperança, onde a questão do destino dos demônios é excluída como insolúvel para *teologia viatorum*[235].

Deixemos também de lado a espinhosa questão dos demônios[236], e concentremo-nos no destino dos seres humanos, cuja sorte foi compartilhada pelo Filho de Deus, feito um de nós, a quem Deus, criador e artífice do universo, enviou ao mundo. A carta para Diogneto diz:

> Envio-lhe com clemência e mansidão, como um rei enviou seu filho rei; como Ele enviou Deus para nós, como ser humano aos seres humanos Ele o enviou; para nos salvar o enviou; para persuadir, não para violentar, porque a violência não se dá em Deus. Enviou-lhe para chamar, não para punir; enviou-lhe, afinal, para amar, não para julgar. Ele lhe enviará um dia como juiz e, então, quem resistirá à sua vinda?[237]

Salvação e juízo, misericórdia e justiça, um dilema do qual não nos é possível sair, que vem já do Novo Testamento. Podemos recordar a passagem especialmente significativa do Mt 25,31-46, entre muitas outras. Será necessário manter ao mesmo tempo dois extremos, mas

---

235 BALTHASAR, H.U. *Teodramática* – 5: El último acto. Madri, 1997, p. 490 [o original alemão foi publicado em 1983]. • MARTELET, G. *L'au-delà retrouvé – Christologie des fins derniers*. Paris, 1975, p. 188: "Il est divinement impossible que Dieu lui-même puisse coopérer le moins du monde à cette aberration, et surtout pas en vue de retrouver, par la victoire de sa justice, la gloire de son amour trahi, comme on l'a trop souvent prétendu".

236 RAHNER, K. "Principios teológicos de la hermenéutica de las declaraciones escatológicas". In: *Escritos de Teología*, IV. Madri: Taurus, 1964, p. 411-439, esp. p. 431, n. 15: "Sería falso hacer valer aquí el destino de los demonios. Pues, entonces, habría que probar que su situación salvífica y la nuestra es la misma y que la diversidad del ser carece de importancia para nuestra cuestión, cosa que, evidentemente, es imposible". É claro que K. Rahner alude à encarnação do Filho, que determina a diferente situação soteriológica dos anjos e dos seres humanos. Já Irineu de Lyon estava ciente do problema com sua famosa fórmula cristológico--antropológica "supergrediens angelos" de *Adv. Haer.*, V 33,6. Cf. ORBE, A. *Teología de San Ireneo*, III. Madri/Toledo, 1988, p. 632-665. • ORBE, A. "Supergrediens angelos" (cf. S. IRENEO. *Adv. Haer.*, V 33,6). In: *Gregorianum*, 54, 1973, p. 5-59.

237 A *Diogoneto*, VII 4 (cf. BAC 65, 853).

sempre lembrando que é a salvação e não o julgamento ou a punição a finalidade única do envio do Filho ao mundo no qual se manifestou todo o amor de Deus por nós: "Porque Deus tanto amou o mundo que deu o seu único Filho, para que todo aquele que nele crer não pereça, mas tenha a vida eterna. Porque Deus não enviou o seu Filho ao mundo para condenar o mundo, mas para que o mundo seja salvo por Ele" (Jo 3,16-17; cf. 1Jo 4,9-10). Somente a salvação é a finalidade da vinda de Jesus ao mundo e, nesse sentido, von Balthasar está certo em dizer que a glória de Deus torna o problema da condenação agudo, embora a cada um de nós fique aberta a possibilidade de rejeitar a salvação que nos é oferecida. Por isso, falando com nossas pobres palavras, não pode deixar Deus "indiferente". Nesta salvação Deus se comprometeu na primeira pessoa, de tal maneira que sua glória pode ser manchada no caso de alguns não a consigam. Precisamente por isso alguns dos principais teólogos do século XX insistiram na possibilidade de uma "esperança para todos".

Já em 1960, portanto, ainda na época da preparação do Concílio Vaticano II, Karl Rahner publicou pela primeira vez seu importante artigo *Princípios teológicos da hermenêutica das declarações escatológicas*[238]. Em sua sexta tese, se aborda a questão que agora nos interessa especificamente:

> A escatologia procede, em seu conteúdo e certeza, da afirmação sobre a ação salvífica de Deus em sua graça, que cabe ao ser humano presente e em tal afirmação sua norma. Consequentemente, a escatologia da salvação e da reprovação não estão no mesmo nível [...]. A escatologia cristã, portanto, não é o prolongamento *simétrico* de uma doutrina-dos-dois-caminhos – mais própria do Antigo Testamento que cristã – mesmo dentro de seus dois pontos finais, mas centralmente é apenas a afirmação sobre a graça de Cristo, vencedora

---

238 Cf. n. 4. Como se indica na página inicial do artigo, o autor reproduz o texto de uma conferência proferida em Bonn, em janeiro de 1960.

e aperfeiçoadora do mundo, embora certamente de forma que o mistério de Deus sobre o homem singular como ainda um peregrino continue estando oculto[239]. À acentuação do caráter salvador da escatologia cristã acompanha a exclusão explícita da *apocatástasis*, e a observação, que veremos com frequência repetida mais adiante, de que a urgência dessa questão não se alcança quando se faz uma abordagem teórica geral da mesma, mas quando cada um a coloca a si mesmo dizendo "eu posso me perder, eu espero me salvar"[240]. Uma dogmática católica parte da base que a história, em sua totalidade, conclui com a vitória definitiva de Deus em sua graça, que já venceu definitivamente em Cristo; a conclusão do mundo é a plenitude da ressurreição de Cristo, que equivale à ressurreição da carne e à glorificação do mundo[241]. A vitória de Cristo está assegurada, embora ainda não esteja a participação nela de cada um de nós.

Em termos ainda mais explícitos, H.U. von Balthasar se expressou muitos anos depois, desenvolvendo ainda mais a questão apontada na passagem citada acima[242]. A esperança para todos não é apenas uma possibilidade, mas se faz também uma exigência, se se tem presente que a esperança cristã se refere às grandes ações salvadoras de Deus que abarcam toda a criação e se referem ao destino de toda

---

239 Ibid., p. 431-432. Cf. tb. RAHNER, K. *Grundkurs des Glaubens – Einführung in den Begriff des Christentums*. Friburgo/Basileia/Viena, 1976, p. 110, 425-426.

240 Cf. *Principios teológicos*. Op. cit., p. 431-432.

241 Ibid, p. 436. *Grundkurs des Glaubens*, p. 426: "A abertura a uma possível plenitude na liberdade na perdição se encontra no ensino de que o mundo e a história do mundo como um todo, de fato, desembocam na vida eterna em Deus".

242 Nos últimos anos de sua vida, H.U. von Balthasar escreveu dois pequenos livros sobre o assunto, em resposta às controvérsias que surgiram como resultado de algumas publicações anteriores e que, por sua vez, provocaram discussões em alguns ambientes: *Was dürfen wir hoffen?* (Einsiedeln, 1986) e *Kleiner Diskurs über die Hölle* (Einsiedeln, 1987). Vou citar esta última obra em sua 3ª edição, à qual foi incorporada uma conferência sobre apocatastasis: *Kleiner Diskurs über die Hölle – Apokatastasis*. Einsiedeln, 1999. Sobre o conjunto, cf. NANDKISORE, R. *Hoffnung auf Erlösung – Die Eschatologie im Werk Hans Urs von Balthasars*. Roma, 1977.

a humanidade, cuja plenitude esperamos. Dado que cada um de nós pertence a essa humanidade, essa esperança se refere também a mim e aos que me rodeiam[243]. De fato, a salvação que esperamos deve ser a culminação da obra de Cristo, do desígnio divino de recapitular em si todas as coisas, as do céu e as da terra (cf. Ef 1,10). Textos que falam do "todo" abundam no Novo Testamento (cf, além de Ef 1,10; Cl 1,20; Fl 2,10-11; Rm 5,12-21; Jo 17,2, entre outros lugares)[244]. O autor suíço assinala, com a sua habitual percepção que, no conjunto do Evangelho de João, todo centrado na ideia do juízo, de *krisis*, há uma passagem que parece colocar-se acima desta perspectiva dominante: "Quando eu for levantado da terra, atrairei todos a mim" (Jo 12,32)[245]. Podemos ou devemos excluir alguém dessa atração universal do Senhor crucificado? Alguém resistirá à atração desse poderoso ímã? Vale a pena pelo menos que a questão seja proposta.

Por outro lado, somente no contexto dessa totalidade, do cumprimento do desígnio salvífico de Deus realizado em Cristo, a plenitude e a salvação de cada um de nós fazem sentido. É apenas a realização do projeto divino de plenitude em Cristo que nos assegura a nossa. O triunfo de Cristo, o seu reinado e a submissão de tudo a ele (cf. 1Cor 15,25-27) garantem a salvação dos seres humanos. Não é

---

243 Cf. *Kleiner Diskurs*, p. 11-12. Von Balthasar cita nesse contexto J. Daniélou: *Essai sur le mystère de l'histoire*. Paris, 1953, p. 340.

244 Cf. *Kleiner Diskurs*, p. 31-33. No mesmo contexto, Von Balthasar alude às distinções, nem sempre afortunadas, entre a vontade antecedente de Deus, que quer que todos se salvem, e a consequente, que quer a condenação de alguns devido às exigências de sua justiça. Nesse sentido, cf. TOMÁS DE AQUINO. STh I 19,6, ad 1: "Deus antecedenter vult omnes homines salvari; sed consequenter vult quosdam damnari, secundum exigentiam suae iustitiae". Posição frequente entre os Padres. Cf. p. ex., JOÃO CRISÓSTOMO. *In Ep. ad Eph. Hom.* I 2 (PG 62,15). • JOÃO DAMASCENO. *De fide ortodoxa*, II 29,14 (PG 94,969). Nas obras citadas há extensa documentação sobre o problema da harmonização entre misericórdia e bondade, de um lado, e justiça de outro, e as conclusões a que historicamente essa aparente contradição deu origem. Aqui não vale a pena entrar nessa questão. A esperança é a solução prática para esse problema teoricamente insolúvel. Cf. *Was dürfen wir hoffen?*, p. 127.

245 Cf. *Was dürfen wir hoffen?*, p. 32-33.

possível um particularismo da esperança que nos fechasse em nós mesmos e nos impedisse de acessar a dimensão essencialmente eclesial da vida cristã, que não podemos ignorar quando se trata de uma esperança escatológica. A plenitude do corpo de Cristo é a plenitude do próprio Cristo que não quis ser sem nós. As considerações cristológicas devem ter, em minha opinião, uma certa prioridade sobre as meramente antropológicas quando se trata da escatologia cristã. Jesus é o último, o definitivo (*novissimus Adam*), e somente à luz de sua pessoa, deste Último, faz sentido considerar as coisas últimas, os "novíssimos". A plenitude do ser humano só é possível no âmbito do reinado de Cristo, que por sua vez entregará o reino ao Pai, para que Deus seja tudo em todas as coisas (cf. 1Cor 15,28). O problema da salvação tem, portanto, a ver com a plena realização do desígnio de Deus em Cristo. Visto que, na fé, sabemos que este vai ser cumprido, esperamos para nós e para os demais ter parte no gozo definitivo. A distinção é essencial.

Com efeito, todos os seres humanos estão sujeitos ao julgamento de Deus, e não podemos antecipar de forma alguma o resultado disso[246]. Não é o mesmo saber que esperar. Não confiamos em nós mesmos, nem em nossas possibilidades de saber, mas em Cristo em quem confiamos. Quando olhamos para nós mesmos, não podemos sentir senão a nossa fragilidade. E precisamente por essa razão devemos contar, antes de mais nada, como já nos recordava Karl Rahner, com a possibilidade de nossa própria perdição antes que a dos outros. Para nenhum irmão podemos negar a esperança que cada um de nós depositou em nosso salvador. Esta esperança se apresenta como uma exigência do amor cristão: "Aquele que conta com a possibilidade de que se perda para sempre alguém diferente da gente mesmo, mesmo que seja apenas *um*, este dificilmente poderá amar sem reser-

---

246 BALTHASAR, H.U. *Kleiner Diskurs*, p. 59: "Wir stehen ganz und gar *unter* dem Gericht und haben kein Recht und keine Möglichkeit, dem Richter vorweg in die Karten zu schauen. Wie kann einer Hoffen mit Wissen gleichsetzen?"

vas [...]. Somente o mais tênue pensamento de um infinito definitivo para os outros leva, nos momentos em que a convivência humana se torna difícil, a abandonar o outro a si mesmo"[247]. E abandonar o outro a si mesmo é algo que o cristão nunca pode fazer. Nós nunca podemos dizer a Deus: "Sou por acaso o guarda do meu irmão?" (Gn 4,9). "Pode um cristão colocar em sua boca essa palavra de um assassino? Que ser humano não é meu irmão?"[248] E podemos ainda acrescentar que é uma antiga convicção cristã de que o inferno é algo que Deus não quis e nem criou[249].

A possibilidade e até mesmo o dever de esperar para todos não pode ser confundido com a doutrina da *apocatástasis*. A possibilidade da perdição, especialmente para si mesmo, está sempre diante de nós. A *apocatástasis* é incompatível com a mensagem cristã da salvação simplesmente porque a distorce, priva-a de conteúdo e de significado. Por se converter em um automatismo, o que só pode ser a resposta livre no amor ao amor de Deus, que nos oferece em Cristo e em seu Espírito a participação em sua própria vida[250]. A

---

247 VERWEYEN, J. *Christologische Brennpunkte*. Essen, 1977, p. 119-120. Apud BALTHASAR, H.U. *Was dürfen wir hoffen?*, p. 63. • *Kleiner Diskurs...* p. 59. Não pude ter acesso ao texto original de Verweyen.

248 BALTAHSAR, H.U. *Kleiner Diskurs*, p. 60.

249 IRINEU DE LIÃO. *Adv. Haer.*, V 27,2: "Para aqueles que perseveram em seu amor, Ele dá sua comunhão. E comunhão com Deus é vida, luz e fruição dos bens inerentes a Ele. Para aqueles que, na opinião deles, se afastam dele, isso leva à separação escolhida por eles. A separação de Deus é morte, como a separação da luz é trevas, e o afastamento de Deus é a perda de todos os bens inerentes a Ele. Aqueles que, de acordo com isso, perderam tais coisas com apostasia, privados de todos os bens, vivem entre todos os tipos de tristeza. Não que Deus, por iniciativa própria, procure puni-los, mas que, privados de todos os bens, as tristezas os persegue" (Apud ORBE, A. *Teología de San Ireneo*, III. Madri/Toledo, 1988, p. 139-145).

250 RUIZ DE LA PEÑA, J.L. *La pascua de la creación*. Madri, 1996, p. 237: "A graça, a amizade com Deus, não é imposta por decreto; é oferecida livremente com o risco de ser recusada livremente. Pois bem, na possibilidade *real* – que nenhum crente negará – um *sim* livre a Deus contém a possibilidade real do *não*. Sem esta, aquela seria insustentável. A fé, então, tem que falar da morte eterna como uma possibilidade real, sob pena de minar os próprios fundamentos de toda a economia salvífica. Silenciar o inferno, opondo-se a uma censura ou veto sistemático, implica

manutenção da possibilidade da perdição eterna é a única garantia da verdade da salvação que nos é oferecida, que não é outra senão o amor de Deus. "O amor gera amor", disse Santa Teresa[251]. E o amor nunca pode ser forçado, é necessariamente liberdade. Deus quer que haja quem ame como Ele, quer que os outros tenham seu amor em si mesmos[252]. Se a vida de Deus é amor, somente na liberdade do amor se pode entrar nela, somente no amor pode estar a plenitude humana e somente livremente pode-se participar do amor divino. Não podemos duvidar de Deus, mas devemos duvidar de nós mesmos, já nos dizia o Concílio de Trento (cf. DH 1534). Mas sabemos que o amor de Deus não tem fronteiras e, portanto, é lícito que esperemos que sua vitória também não conheça limites. Temos, assim, a possibilidade de nos abrirmos para o que J. Alfaro, em um contexto um pouco diferente do nosso, chamou de "certeza da esperança"[253].

Ao contrário de outros momentos da história da teologia, em que a perdição de muitos seres humanos foi dada como certa sem aparentemente uma tal convicção criasse problema, hoje em dia são amplamente maioria as opiniões brevemente anunciadas. Poderosas razões teológicas induzem a essa posição. A primeira e fundamental é a vontade de salvação de Deus, que não conhece fronteiras, e a universalidade da salvação que Cristo nos trouxe, seu mistério pas-

---

desfigurar irreparavelmente o céu, substituindo o diálogo Deus-ser humano, a concordância de duas liberdades protagonistas, pelo monólogo de Deus, o *diktat* hegemônico de uma liberdade autocrática e solitária". • MARTELET, G. *L'au-delà retrouvé*: "Jamais Dieu, il est vrai, ne cessera d'aimer, même s'il n'est plus aimé lui-même: mais on pourrait ne pas l'aimer tandis qu'il aime encore et il peut de la sorte arriver qu'il se trouve mis par nous devant *l'envers absolu* de lui-même. En tentant l'impossible afin que son amour soit compris et reçu, il ne peut pas exclure que cet amour, quel immense mystère, devienne cependant un amour rejeté".

251 *Libro de la Vida*, 22,14.

252 DUNS ESCOTO. *Ordinatio*, l. III d. 32, q. unica, n. 6: "[Deus] vult habere alios diligentes, et hoc est velle alios habere amorem suum in se". Cf. tb. ibid. III d. 28, q. unica, n. 2, sobre a perfeição da "condileção".

253 ALFARO, J. *Esperanza cristiana y liberación del hombre*. Barcelona, 1971, p. 94-96.

cal que é fonte de salvação para todos os seres humanos. Tem sido substancialmente a reflexão escatológica centrada na cristologia, desenvolvida a partir do Concílio Vaticano II, que levou a teologia católica às posições as quais nos referimos[254].

5.3 Universalidade da salvação e mediação única de Cristo

De fato, basta uma breve análise de alguns textos centrais do Novo Testamento para perceber que as passagens que tratam mais diretamente do amor de Deus pelo mundo e sua vontade universal de salvação também falam da mediação universal de Cristo; trata-se de dois lados da mesma moeda, que estão intrinsecamente associados entre si. Já nos referimos aos textos fundamentais de 1Tm 2,2-7 e Jo 3,16-17, e também aludimos às numerosas passagens que falam da relevância da ação de Cristo em termos de universalidade, que abrange o "todo". Todos os povos são, sem exceção, destinatários da sua mensagem (cf. Mt 28,19; Mc 16,15-16). A ação salvadora de Cristo não conhece limites, ninguém é excluído dela. As dificuldades de determinar como os efeitos dessa salvação chegam a todos não deve ser um obstáculo à afirmação fundamental do princípio.

Apesar da clareza dos textos do Novo Testamento, nos encontramos em uma situação paradoxal neste momento. A perspectiva da esperança para todos encontra um amplo consenso entre os nossos contemporâneos, embora, por vezes, com posições que podem resultar superficiais, na medida em que facilmente passam para a banalizar a liberdade humana[255]. Em vez disso, é problemático em muitos ambientes, como todos sabemos, a afirmação da mediação

---

254 Além dos autores já citados cf., entre outros, RUIZ DE LA PEÑA, J.L. *La pascua de la creación*, p. 225-226. • GARCÍA-MURGA, J.R. "¿Dios de amor e infierno eterno?" In: *Estudios Eclesiásticos*, 70, 1995, p. 3-30.

255 Cf., p. ex., SACHS, J.S. "Current Eschatology: Universal Salvation and the Problem of Hell". In: *Theological Studies*, 52, 1991, p. 227-254.

universal de Cristo nesta salvação que é oferecida a todos. Nem sempre é possível articular suficientemente duas afirmações que, no Novo Testamento, como já vimos, aparecem intimamente unidas. Deus quer que todos os seres humanos sejam salvos em Cristo e por Cristo, nele quer recapitular todas as coisas (Ef 1,10), tudo foi criado através dele e para Ele e foi reconciliado através dele (cf. Cl 1,16.20; 1Cor 8,6; Hb 1,2-3; Jo 1,3.10), em Cristo o Pai reconciliou consigo o mundo (cf. 2Cor 5,19), tudo lhe foi submetido (Ef 1,22; 1Cor 15,24-28). O problema que surge quando essas duas afirmações do Novo Testamento não são vistas juntas é em que medida se pode pensar na salvação pessoal como participação no triunfo de Cristo. Ou, em outras palavras, coloca-se a questão do conteúdo e do significado da mediação de Cristo: se esta é essencialmente constitutiva da salvação, e como se relaciona a pessoa de Jesus, caminho, verdade e vida, com o Deus a quem em último termo vamos.

A dificuldade que se apresentou com urgência na teologia dos últimos tempos, com o estímulo que significou o encontro entre as várias religiões e culturas e o diálogo entre elas, tem precedentes na antiguidade. Não é evidente a pretensão cristã de que em Cristo se encontra o único caminho para chegar a Deus e à salvação. A ela se opõe ao senso comum pagão, que formula, ao contrário, que um caminho para um mistério tão grande ou *itinere non potest pervenire ad tam grande secretum*[256], não pode ser alcançado por um só. Quem pode afirmar que tem a chave para acessar o que nos ultrapassa? Não seria mais prudente falar, antes, de modos complementares,

---

256 *Relatio Symmachi praefecti urbis Romae* [ao imperador Valentiniano II e ao Senado Romano, no ano de 384], 10 (CSEL 83/3, 27): "Aequum est quicquid omnes colunt unum putari. Eadem spectamus astra, commune caelum est, idem nos mundus involvit; quid interest qua quisque prudentia verum requirat. Uno itinere non potest pervenire ad tam grande secretum". Cheguei a este texto a partir de RATZINGER, J. *Fe, verdad, tolerância* – El cristianismo y las religiones del mundo (Salamanca, 2005, p. 66-67, 154) que, por sua vez, remete a GNILKA, C. *Chrêsis – Die Methode der Kirchenväter im Umgang mit der antiken Kultur* – II: *Kultur und Conversion*. Basileia, 1993.

de diferentes vias de salvação, que todos convergirão a este grande mistério? Mas tenhamos em mente o que já observamos: a vontade salvífica universal de Deus está intimamente ligada ao mistério de Cristo, de modo que, fora da revelação que em Cristo ocorre, não temos acesso a esse mistério. Sabemos que Deus quer a salvação de todos porque nos enviou seu Filho que morreu e ressuscitou por nós. Somente em Cristo e através de Cristo temos acesso ao conhecimento de Deus amor, ao Deus uno e trino, a este Deus que é a meta e o destino de todos. A revelação do plano salvífico de Deus está intimamente relacionada com a revelação do mistério trinitário. O Deus que quer que todos os seres humanos se salvem é o Deus Pai do amor que enviou o mundo seu Filho para que, através da ação do Espírito, todos possamos ser seus filhos. Karl Rahner, como é bem conhecido, formulou seu axioma fundamental da teologia trinitária, a identidade entre a Trindade econômica e a Trindade imanente e vice-versa, movido pela preocupação de mostrar que o mistério trinitário é o mistério salvador por antonomásia[257]. A revelação desse mistério é inseparável do dom que Deus faz de si mesmo em seu Filho e seu Espírito Santo. Somente nesta autocomunicação há salvação para os seres humanos, nunca separados dela. A plenitude da revelação é dada em Cristo porque nela é dada a plenitude da salvação e vice-versa. O Concílio Vaticano II contempla em íntima unidade a manifestação que Deus faz de si e do decreto de sua vontade para a salvação dos seres humanos, e a comunicação dos bens divinos para eles[258]. Em Jesus e no Espírito, Deus nos torna

---

[257] Cf. RAHNER, K. "El Dios trino como principio y fundamento trascendente de la historia de la salvación". In: *Mysterium Salutis* II/1, 1969, p. 360-449, esp. p. 370-371.

[258] Constituição *Dei Verbum*, 6: "Mediante a divina revelação, Deus quis manifestar a si mesmo e os decretos eternos de sua vontade sobre a salvação dos seres humanos [...] para comunicar-lhes os bens divinos que superam completamente a inteligência da mente humana". • Ibid. 2: "Dispôs Deus, em sua bondade e sabedoria, revelar a si mesmo e dar a conhecer o mistério da sua vontade (cf. Ef 1,9), através do qual os seres humanos, por meio de Cristo, o Verbo feito carne, têm acesso ao Pai e tornam-se participantes da natureza divina (cf. Ef 2,18, 2Pd 1,4)".

participantes da sua vida, uma vida que é, precisamente, a eterna relação de amor do Pai, do Filho e do Espírito Santo. Em Cristo e somente nele, o único mediador entre Deus e os seres humanos, temos acesso a essa comunhão intratrinitária. Somente o Espírito do Filho enviado ao mundo na plenitude do tempo clama em nós "*Abba*, Pai" (cf. Gl 4,4-6; Rm 8,14-16).

O mistério de Deus, a quem ninguém jamais viu (cf. Jo 1,18), sempre nos ultrapassa, mas, ao mesmo tempo, o único Filho que está no seio do Pai no-lo disse (cf. Jo 1,18; 14,8). Neste difícil equilíbrio entre o mistério que deve ser salvaguardado e a revelação efetiva e definitiva que ocorreu em Cristo, a Comissão Teológica Internacional apontou há alguns anos, em seu documento Theology-Christology--Anthropology (1981), a impossibilidade de separar o mistério de Cristo do mistério trinitário. Denunciava o perigo de uma separação neoescolástica, que não levava suficientemente em conta o mistério da Trindade para compreender a encarnação ou a deificação do ser humano, um perigo que neste momento é, na minha opinião, já superado; mas ao mesmo tempo indicava um segundo perigo, o de uma separação "moderna", que

> Coloca uma espécie de véu entre os seres humanos e a Trindade eterna, como se a revelação cristã não convidasse o ser humano ao conhecimento do Deus trino e à participação em sua vida. Conduz assim, com respeito à Trindade eterna, a um certo "agnosticismo" que não se pode aceitar de maneira alguma. Porque, embora Deus seja sempre maior do que podemos conhecer sobre ele, a revelação cristã afirma que esse "maior" é sempre trinitário[259].

---

259 COMISSÃO TEOLÓGICA INTERNACIONAL. *Teología; Cristología; Antropología*, I C 2.1 (Cf. POZO, C. (ed.). *Documentos 1969-1996*. Madri: BAC, 1998, p. 249). Em ibid. I A) i.2, p. 246 se assinala que "A separação entre a Cristologia e a consideração do Deus revelado, em qualquer parte do corpo da Teologia em que se situe, frequentemente supõe que o conceito de Deus elaborado pela sabedoria filosófica é suficiente para a consideração da fé revelada. Não se adverte, dessa maneira,

Embora não nos seja dito em que perigo concreto a Comissão Teológica estava pensando ao fazer estas afirmações, não há dúvida de que nos anos transcorridos desde a redação do documento em questão houve afirmações teológicas que precisamente em nome da incognoscibilidade do mistério divino se veio a negar praticamente a mediação e a relevância universal de Cristo em vista da salvação dos seres humanos. Jesus se tornaria mais um entre as figuras mediadoras que apareceram na história. De fato, segundo alguns representantes dessa linha de pensamento, pode ser difícil, com base na experiência do diálogo inter-religioso e do conhecimento das riquezas espirituais de diferentes religiões, continuar afirmando uma superioridade do cristianismo. Pelo contrário, este encontro leva a pensar que nas grandes religiões existe uma mistura mais ou menos igual do bem e do mal, que todas elas teriam um valor praticamente equivalente como respostas salvadoras ao mistério transcendente. Do ponto de vista da teologia cristã, se tenta fundamentar esses ensinamentos com base na cristologia e na doutrina sobre Deus. Dado, diz-se, que Deus é incognoscível e incompreensível, nenhuma figura reveladora pode torná-lo plenamente conhecido. Por outro lado, insiste no teo-centrismo de Jesus, que sempre se refere ao Pai, ante o qual Ele está sempre aberto. A fé cristã na encarnação não excluiria que o Logos presente em Jesus também esteja em outras pessoas escolhidas. Numa pluralidade de mediações, o único amor de Deus permaneceria sempre o único amor de Deus, que seria o "mediador" único. Sabemos que a incompreensibilidade de Deus não significa que não se tenha revelado, mas que é necessário sustentar precisamente o oposto: Deus se revelou em toda a história, não apenas em um fragmento dela, de acordo com as capacidades dos seres humanos. Uma vez que estas

---

a novidade da revelação feita ao povo de Israel e a novidade mais radical contida na fé cristã, e se diminui o valor do evento de Jesus Cristo. Paradoxalmente, essa separação pode levar à convicção de que a pesquisa cristológica basta a si mesma e pode se fechar em si mesma, renunciando a toda referência a Deus".

são diferentes, a revelação aconteceu de diferentes maneiras; assim deu origem às diversas experiências religiosas; para explicá-las, os seres humanos usaram os conceitos que a cada momento e em cada contexto tiveram à sua disposição. Cada uma dessas experiências e explicações é válida porque na raiz de todas elas está a revelação que Deus faz de si mesmo para a humanidade. Portanto, o Logos teria dado origem a muitas manifestações salvadoras. Uma delas seria Jesus Cristo, decisivo para os cristãos; mas isso não excluiria que outros grupos religiosos fossem beneficiários de outras manifestações do amor de Deus e outras mediações de salvação[260]. Nas posições mais extremas dessa linha, o problema da divindade de Cristo é inclusive levantado, já que a presença do Logos nas diferentes figuras mediadoras seria semelhante à de sua intervenção nos profetas[261].

---

260 Baseei-me para esta breve exposição em SCHMIDT-LEUKEL, P. "Was will die pluralistitische Religionstheologie?" In: *Münchener Theologische Zeitschrift*, 49, 1998, p. 307-334. Para nós é difícil descobrir o influxo das teses de E. Troeltsch: *Die Absolut heit des Christentums und die Religionsgeschichte*. Munique/Hamburgo, 1969 [a obra foi publicada pela primeira vez em 1902]. Entre os escritos já clássicos dos últimos tempos nesta linha, cf. HICK, J. (ed.). *The Mythe of God Incarnate* (Londres, 1977), e em especial o artigo escrito pelo próprio editor (*Jesus and the World Religions*, p. 172-184). • HICK, J. *Problems of Religious Pluralism*. Londres, 1985. • HICK, J. *The Metaphor of God Incarnate*. Londres, 1993. Para Hick, a encarnação se realizaria em diversos graus e modos, em muitas e diversas pessoas. Cf. tb. KNITTER, P.F. *No Other Name?* – A Critical Survey of Christian Attitudes Toward the World Religions. Maryknoll/Nova York, 1985. • KNITTER, P.F. *Jesus and the Other Names* – Christian Mission and Global Responsibility. Maryknoll/Nova York, 1996. • HICK, J. & KNITTER, J.P.K. (eds.). *The Mythe of Christian Uniqueness*. Maryknoll/Nova York, 1988.

261 A Congregação para a Doutrina da Fé (Declaração *Dominus Iesus*, 9) caracteriza assim estas posições: "Na reflexão teológica contemporânea, com frequência emerge uma abordagem de Jesus de Nazaré como se fosse uma figura histórica particular e finita, que revela o divino de maneira não exclusiva, mas complementar a outras presenças salvadoras e salvíficas. O Infinito, o Absoluto, o Mistério último de Deus se manifestaria assim à humanidade de diversas maneiras e em diversas figuras históricas: Jesus de Nazaré seria uma destas. Mais concretamente, para alguns, Ele seria uma das muitas faces que o Logos teria assumido no decorrer do tempo para comunicar-se salvificamente à humanidade"). Cf. tb. ibid., 4; 6.

A universalidade da revelação, que indubitavelmente traz consigo a da salvação, é vista de algum modo para além de Cristo, como se a particularidade de Cristo fosse um obstáculo a essa universalidade. Podemos nos perguntar então, do ponto de vista da revelação e da teologia cristã, sobre o que se funda esta ideia de salvação oferecida a todos. Que Deus de alguma forma se faça conhecer por todos os seres humanos, começando com o próprio fato da criação, é claro do ponto de vista cristão, mas ao mesmo tempo o fato é que esta criação tende a Cristo, o que faz aparecer com igual clareza de que há um evento particular que, em sua novidade imprevisível, dá sentido e é o cumprimento de qualquer outra forma de manifestação de Deus aos seres humanos. Em uma universalidade além de Cristo, por outro lado, se perdem os contornos da salvação que Deus quer oferecer aos seres humanos. A impossibilidade de conhecer a Deus necessariamente acompanha a impossibilidade de conhecer a salvação oferecida; os dois aspectos são mutuamente condicionados. O conteúdo da salvação aparece no Novo Testamento claramente relacionado a Jesus e vinculados a ele: estar com Cristo, conformação com Ele, filiação divina à sua imagem, ressuscitar com Ele etc. Não se entende a salvação que Cristo nos traz senão como participação na perfeição que o próprio Cristo adquire em sua humanidade ao ser ressuscitado e glorificado por Deus Pai. O que Jesus adquire para si mesmo como cabeça do corpo é destinado a todos os seres humanos. Nestes termos se expressa, para citar apenas um exemplo, Atanásio de Alexandria: "Tudo o que a Escritura diz que Jesus recebeu, diz por causa de seu corpo, que é primícias da Igreja [...]. Em primeiro lugar o Senhor ressuscitou seu próprio corpo e o exaltou em si mesmo. Depois ressuscitou todos os membros para dar-lhes, como Deus, o que ele recebeu como homem"[262]. O que Jesus adquire para si mes-

---

262 *De Incarnatione Verbi et contra Arianos*, 12 (PG 26,1004). • *Contra Arianos* I 47 (PG 26,109): "Não é o Logos como Logos e Sabedoria que é ungido com o Espírito Santo que Ele dá, mas é a carne que Ele assumiu que é ungida nele e através dele,

mo como cabeça do corpo é destinado a todos os seres humanos. As afirmações sobre a mediação única de Jesus e a universalidade da salvação estão harmonizadas nestas passagens e em outras que poderíamos aduzir que insistem na incorporação de todos os seres humanos a Cristo em virtude da encarnação[263]. Examinarei apenas em um, um texto do Sínodo de Quiercy do ano 853, no qual os conteúdos essenciais do Novo Testamento e da teologia patrística são resumidos em poucas palavras:

> Como não há, houve ou haverá ser humano algum cuja natureza não foi assumida nele; assim, não há, houve ou haverá alguém por quem Cristo Jesus nosso Senhor não tenha sofrido, mesmo que nem todos sejam redimidos pelo mistério de sua paixão. Agora, que nem todos são redimidos pelo mistério de sua paixão não contempla a magnitude e copiosidade do preço, mas a parte dos infiéis e daqueles que não creem com aquela fé "que opera pela caridade" (Gl 5,6) (DH 624, cf. tb. 623).

---

de modo que a santificação que veio sobre o Senhor como homem possa passar dele para todos os seres humanos". • Ibid. I 48 (PG 26,113): "Ele se santifica a si mesmo (cf. Jo 17,10) para que sejamos santificados nele". Cf. LADARIA, L.F. *Atanasio de Alejandría y la unción de Cristo* (*Contra Arianos*, I 47-50), apud GUIJARRO, S. & SANGRADOR, J.F. (eds.). *Plenitudo temporis* – Homenaje al Prof. Dr. Ramón Trevijano Etcheverría, Pontificia Universidad de Salamanca. Salamanca, 2002, p. 469-479. Mais em geral, cf. LADARIA, L.F. "Salvezza di Cristo e salvezza dell'uomo". In: *Archivio Teologico Torinese*, 11, 2005, p. 35-52. Cf. tb. o cap. 3 do presente volume.

263 Contentamo-nos com umas poucas referências: IRINEU. *Adv. Haer.*, III 19,3 (SCh 211,282); V 36,3 (cf. ORBE, A. *Teología de San Ireneo*, III. Madri/Toledo, 1988, p. 632-665). • HILÁRIO DE POITIERS. *In Mt. 4,12* (SCh 254,130); 18,6 (SCh 258,80); *Trin.*, II 24 (CCL 62,60); *Tr. Ps.*, 51,16-17 (CCL 61,104); 54,9 (146). • GREGÓRIO DE NISSA. *Contra Apollinarem*, I 16 (PG 45, 1.153). • CIRILO DE ALEXANDRIA. *Johannis Evangelium*, I 9 (PG 73, p. 161-164). Também não podemos esquecer a responsabilidade de cada ser humano em aceitar ou rejeitar em sua livre-decisão esta incorporação a Cristo, permanecer unido a Ele como ramos da videira ou afastar-se dessa comunhão; cf. HILÁRIO DE POITIERS. *Tr. Ps.*, 52,16-17 (CCL 61,104). Não somos, portanto, confrontados com um automatismo da salvação pelo fato de termos sido incluídos em Cristo.

Desde então, algo avançou a teologia católica e o próprio magistério em relação à questão dos "infiéis", resolvida aqui de maneira um tanto expeditivo. Mas, fiquemos com as afirmações fundamentais. Não houve nem haverá ser humano cuja natureza não tenha sido assumida por Cristo Jesus; o Concílio Vaticano II formulará que o Filho de Deus, com sua encarnação, se uniu de certa maneira (*quodammodo*) a todo ser humano (GS 22). Ambos os textos refletem uma rica tradição, que está na base da universalidade da soteriologia cristã[264]. Não há contradição entre universalidade e unidade. A cabeça e o corpo formam um só Cristo. Não se pode mais pensar em Jesus independentemente de sua Igreja e de toda a humanidade que Ele abraça intencionalmente.

> Ao contrário da lei lógica que quer que o universal seja abstrato e que o concreto seja apenas particular, os dois termos podem ser atribuídos a Cristo. Porque Cristo não é uma lei geral nem uma ideia abstrata, nem tampouco um indivíduo simplesmente particular. Como Verbo que se fez carne na história, ela carrega em si mesma a universalidade de Deus e a universalidade dos seres humanos; é a sua concreção. A vida de Jesus em sua particularidade concreta, que inclui a morte e a ressurreição, é a expressão da totalidade de Deus para o mundo e da totalidade do ser humano diante de Deus [...]. Deus não é um indivíduo entre outros; é o que acontece com Cristo. Enquanto homem Deus é igualmente único, não é um elemento humano que possa ser generalizado. A humanidade de Jesus assume em sua originalidade concreta "o universalmente humano"[265].

---

264 GONZÁLES DE CARDEDAL, O. *Cristología*. 2. ed. Madri: BAC, 2005, p. 528: "A inclusão de toda a humanidade em Cristo (criação, encarnação, redenção) é o pressuposto de todas as afirmações do Novo Testamento sobre nossa redenção".

265 SESBOUÉ, B. *Jesucristo, el único mediador* – Ensayo sobre la redención y la salvación, I. Salamanca: Sígueme, 1992, p. 402. O autor não modificou seu pensamento na segunda edição de sua obra: *Jésus-Christ, l'unique médiateur* – Essai

Considerando as coisas de outro ponto de vista: a que meta levam os caminhos complementares de revelação e de conhecimento de Deus? Desde este ponto de vista, é coerente pensar em conteúdos diversos da salvação segundo as diferentes religiões ou caminhos pelos quais cada um chegou a ela[266]. Vê-se, em seguida, as dificuldades com as quais se tropeça com uma tal concepção: poder-se-ia ainda falar da unidade do gênero humano, se diversas são as vocações finais dos seres humanos? A questão, pelo menos, parece não ter sentido. As mesmas razões para a universalidade da salvação que temos visto indicam que o Vaticano II ficaria profundamente questionado. Unidade de origem e unidade de destino têm que ser vistas em relação íntima. Só assim podemos afirmar que existe uma relação intrínseca entre protologia e escatologia. Todo ser humano tem a ver com Cristo pelo simples fato de vir a este mundo? Muitas são as razões que nos impelem a afirmá-lo. Segundo o Concílio Vaticano II, Cristo não é apenas "perfeitamente homem", mas também "o homem perfeito" e nele o mistério do ser humano adquire a luz definitiva (cf. GS 22; 41)[267]. Em Cristo, Deus nos dá seus benefícios, começando com os da criação, e não temos notícias de que há outros caminhos pelos quais seus dons nos cheguem: "Aquele que não

---

sur la rédemption et le salut. Paris, 2003, p. 275. Sobre a questão do *universale concretum*, cf. PIÉ-NINOT, S. *Unicidad y universalidad salvífica de Jesucristo como universale concretum personale, em Antropología y fe cristiana* – IV Jornadas de Teología. Santiago de Compostela, 2003, p. 279-305.

266 Cf., p. ex., HEIM, S.M. "Salvations – A More Pluralistic Hipothesis. In: *Modern Theology*, 10, 1994, p. 341-360.

267 O Concílio deixou em aberto, pelo menos até certo ponto, o alcance preciso dessas afirmações. Os desenvolvimentos teológicos pós-conciliares insistiram na relevância cristológica para a protologia e especificamente para a antropologia. Alguns exemplos: RAHNER, K. *Grundkurs des Glaubens*. Friburgo/Basileia/Viena, 1976, p. 211-226. • BALTHASAR, H.U. *Theologik II* – Wahrheit Gottes. Einsiedeln, 1985, p. 73, 76. Sobre todo esse conjunto de problemas, cf. LADARIA, L.F. "Cristo, 'perfectohombre' y 'hombreperfecto'". In: BENAVENT VIDAL, E. & MORALI, I. (eds.), *Sentire cum Ecclesia* – Homenaje al P. Karl Josef Becker SJ, Facultad de Teología San Vicente Ferrer. Valência, 2003, p. 171-185. Cf. o cap. 1 do presente volume.

poupou nem mesmo seu próprio Filho, mas antes o entregou para todos nós, como não pode nos dar gratuitamente todas as coisas?" (Rm 8,32). Só com Cristo e em Cristo Deus nos dá todas as coisas, porque nele fomos escolhidos antes da criação do mundo e tudo tem que tê-lo como cabeça (cf. Ef 1,3-10). Se a doação do Filho aparece como problemática de uma vez por todas, que benefícios podemos esperar de Deus? Sua infinita bondade que envolve todos os seres humanos conhecida por nós a partir da revelação de Cristo. Nele o amor de Deus apareceu aos seres humanos. Faz sentido falar disto à margem ou sem relação a Cristo? É possível um amor de Deus pelos seres humanos não ligado ao amor que o Pai sempre teve pelo Filho, o "amado", o "predileto" por excelência (cf. Mc 1,11 par.; 9,7 par.; Cl 1,13; Jo 15,9; 17,23.26 etc.). Quem é, em última análise, o Deus que pode ser acessado por tantos caminhos equivalentes e complementares? O Deus sempre maior e mais misterioso é o Deus Uno e Trino, o Pai que enviou ao mundo seu Filho feito homem e enviou a nossos corações o Espírito do seu Filho para que também nós possamos viver como filhos de Deus (cf. 4,4-6).

Outros autores, de maneira muito mais sutil, tentam explicar o sentido salvador das diferentes religiões e da universalidade da salvação, referindo-se a uma distinção entre o evento histórico particular de Cristo e a ação universal do Logos divino "como tal". A encarnação é um evento único e irrepetível, em Jesus temos a maior e mais completa manifestação de Deus, mas a particularidade histórica de Cristo impõe certas limitações ao significado do evento da vinda ao mundo do Filho de Deus. Portanto, não pode ser um evento absoluto, uma vez que nenhuma singularidade histórica pode sê-lo. Deus é absoluto, mas nenhuma religião pode sê-lo. Se, por um lado, o Logos tomou forma de modo único em sua encarnação, por outro, toda a criação está cheia do logos divino. Portanto, a economia do Verbo encarnado pode ser considerada como o "sacramento" de uma economia mais vasta, que é o Verbo eterno de Deus, que coincide com a história religiosa da humanidade; o cristianismo não exclui outros modos de presença de Deus na história, porque senão confundiria a peculiaridade histórica de Jesus com a plenitude do Deus invisível[268].

Embora a plenitude da revelação do Deus trino em Jesus Cristo e sua unicidade não sejam diretamente questionadas, essas e outras posições similares levantam a questão de se o realismo da encarnação do Filho é aceito até o fim, visto que este, a partir do momento em que se faz homem, só existe unido à humanidade que assumiu segundo a hipóstase. Parece se sustentar, na prática, uma ação salvadora do Verbo eterno de validade mais universal que a do Verbo Encarnado. Mas a mediação universal da qual nos fala o Novo Testamento e a tradição da Igreja refere-se claramente a Jesus Cristo, o Filho de Deus feito homem: "Com a encarnação, todas as ações salvíficas do Verbo de Deus são sempre feitas em união com a natureza humana que Ele assumiu para a salvação de todos os homens"[269]. Pois não há um Logos que não seja o encarnado. Ao mesmo tempo afirma-se tanto o que corresponde à divindade como o que corresponde à humanidade. Mas, as naturezas não se confundem. De acordo com a conhecida fórmula de São Leão Magno, cada uma delas age o que lhe é próprio em comunhão com a outra (cf. DH 294). Visto que no Senhor Jesus é uma só a pessoa de Deus e do ser humano, são comuns à divindade e à humanidade a desonra e a glória, embora uma e outra

---

268 Cf., entre outros exemplos, SCHILLEBEECKX, E. *Umanità* – Storia di Dio. Bréscia, 1992, p. 219-220. • GEFFRÉ, C. "La singolarità del cristianesimo nell'età del pluralismo religioso". In: *Filosofia e Teología*, 6, 1992, p. 38-52. • "La verité du christianisme à l'âge du pluralisme religieux". In: *Angelicum*, 74, 1997, p. 177-191. • "Pour un christianisme mondial". In: *Recherches de Science Religieuse*, 86, 1998, p. 53-75. • DUPUIS, J. *Hacía una teología cristiana del pluralismo religioso*. Santander: Sal Terrae, 2000. • "Le Verbe de Dieu, Jésus-Christ et les religions du monde". In: *Nouvelle Revue Théologique*, 123, 2001, p. 229-246.

269 Declaração *Dominus Iesus*, 10. O texto prossegue: "O único sujeito que opera nas duas naturezas, divina e humana, é a única pessoa do Verbo. Portanto, não é compatível com a doutrina da Igreja a teoria que atribui uma atividade salvífica ao Logos como tal em sua divindade, que seria exercida 'para além' da humanidade de Cristo, também após sua encarnação".

não derivem do mesmo princípio (cf. DH 295). Portanto, devemos excluir uma ação do Verbo em sua natureza divina sem comunhão com a natureza humana. O único sujeito é inseparavelmente Deus e homem. Se não há um Logos que não esteja ligado à carne, as ações divinas não podem ser levadas a cabo sem a humanidade, e vice-versa (cf. DH 317-318). É a consequência da seriedade da encarnação, a única pessoa divina do Filho foi feita com a encarnação, na medida em que subsiste em duas naturezas, uma "persona compósita", disse St. Tomás[270]. E já antes de as formulações dogmáticas serem especificadas, Irineu indicava:

> Não sabem [os gnósticos] que o Verbo de Deus, o Unigênito, que desde sempre esteve próximo do gênero humano, misturou-se com sua criatura de acordo com o beneplácito do Pai; e este é Jesus Cristo, nosso Senhor, que padeceu por nós e por nós ressuscitou e novamente virá na glória do Pai para ressuscitar toda a carne [...]. Há apenas um Pai [...] e um só Cristo Jesus, nosso Senhor, que veio através de toda a economia e recapitulou todas as coisas em si[271].

Não parece haver espaço para algum aspecto ou dimensão do Filho que não seja "afetado" pela encarnação e pelo mistério pascal da morte e ressurreição. O encarnado, morto e ressuscitado, é o que recapitula em si todas as coisas porque se fez presente em toda a economia da salvação. A singularidade disto parece ficar questionada se pensarmos em ações salvadoras que, depois da encarnação e da Páscoa, não derivam do Filho encarnado, Deus e homem, morto e ressuscitado. O significado de Jesus Cristo para o gênero humano

---

270 *STh* III 2,4: "Et sic dicitur persona composita in quantum unum duobus subsistit". Cf. JOÃO DAMASCENO. *De fide ortodoxa*, III 4 (PG 94,997).

271 IRINEU DE LIÃO. *Adv. Haer.*, III 16, 6 (SCh 211, p. 312-314). Mais informações em LADARIA, L.F. "Il Logos incarnato e lo Spirito Santo nell'opera della salvezza". In: CONGREGAÇÃO PARA A DOUTRINA DA FÉ. *Dichiarazione "Dominus Iesus"* – Documenti e studi. Cidade do Vaticano, 2002, p. 85-97.

e sua história é absolutamente único e único[272]. Não deixa de ser paradoxal que a salvação oferecida a todos os seres humanos e a mediação universal de Cristo tenham sido vistas em contraposição e não em relação mútua. Talvez tenham influenciado nisso as diversas interpretações do axioma "extra Ecclesiam nulla salus", de tão conflitiva história. A mediação de Cristo talvez tenha sido associada a uma interpretação estrita, não sustentável, do princípio. A salvação fora da Igreja, ou pelo menos de suas fronteiras visíveis, significaria a salvação fora de Cristo[273]. Parece evidente que essa dedução não é correta. Na associação íntima do mistério de Cristo e de sua Igreja, as distinções são importantes[274]. Esta última é antes de tudo salvada, não salvadora, e somente pela virtude de Cristo e do Espírito exerce uma função no desígnio divino. Uma função que sendo de sinal e instrumento (sacramento) para a união de todos os seres humanos com Deus, nos impede de ver na Igreja um obstáculo para aqueles que não se incorporaram a ela.

---

272 CONGREGAÇÃO PARA A DOUTRINA DA FÉ. Declaração *Dominus Iesus*, 15: "Desde o princípio [...] a comunidade dos crentes reconheceu que Jesus Cristo possui tal valor salvífico, que somente Ele, como o Filho de Deus feito homem, crucificado e ressuscitado, em virtude da missão recebida do Pai e no poder do Espírito Santo, tem a função (*munus*) de dar a revelação (cf. Mt 11,27) e a vida divina (cf Jo 1,12; 5,25-26; 17,2) a toda a humanidade e a cada ser humano. Nesse sentido, pode-se e deve-se dizer que Jesus Cristo tem, para o gênero humano e sua história, um significado e um valor singular e único, só dele próprio, universal e absoluto. Jesus é, com efeito, o Verbo de Deus feito homem para a salvação de todos".

273 Cf., para esse âmbito de problemas, SESBOUÉ, B. *Hors de l'Église pas de salut* – Histoire d'une formule et problèmes d'interprétation. Paris, 2004. • LUBAC, H. *Catholicisme* – Les aspectes sociaux du dogme. 7. ed. Paris, 1983, p. 179-205.

274 *Dominus Iesus*, 16: "Assim como a cabeça e os membros de um corpo vivo, embora não se identifiquem, são inseparáveis, Cristo e a Igreja não podem ser confundidos, mas tampouco podem ser separados e constituem um único "Cristo total". Não podemos agora entrar no complexo âmbito de problemas da função da Igreja na salvação daqueles que não pertencem a ela. Cf. JOÃO PAULO II. *Redemptoris Missio*, 9-10: a Igreja, sacramento universal da salvação, é necessária para a própria salvação. A salvação de Cristo é recebida pelos não cristãos em virtude de uma graça que tem uma relação misteriosa com a Igreja, embora não os introduza formalmente nela.

Em Cristo e somente nele temos salvação, a redenção dos nossos pecados. Ele é a redenção de todos, e esta função salvadora corresponde exclusivamente a ele. Hilario de Poitiers fez um comentário teologicamente muito sugestivo à cena de Mt 14,28-31: Pedro quer ir ao encontro de Jesus sobre as águas e afunda; o Senhor tem que dar-lhe a mão e fazê-lo subir ao barco. Nesta cena, o santo doutor nos dá uma razão *típica*. Todos, Pedro incluído, precisam ser salvos por Jesus, ele é o único que morre por todos; em sua paixão redentora, estritamente, ele não pode ter nenhum companheiro, porque não pode haver senão um só naquilo que só um dá a todos[275]. A rigor, ninguém pode agregar-se nem acrescentar algo ao único mediador, uma vez que, como o Filho unigênito do Pai, ninguém pode ser equiparado a ele. Somente dele, em virtude desta condição, pode vir a salvação chegar aos seres humanos, seus irmãos. Os arianos, arguirão repetidamente os Padres do séc. IV, desconhecendo a divindade de Jesus, negam a salvação de todos os seres humanos[276], aos quaisem sua encarnação se uniu para poder comunicar-lhes os bens da vida divina. Mas esta unicidade e universalidade de Cristo, no qual se

---

275 HILÁRIO DE POITIERS. *In Mt 14,16* (SCh 258,30): "Certamente Pedro não era indigno de se aproximar de seu Senhor, e na verdade ele tentou fazê-lo, mas nesse fato se observa uma razão típica (*typicus ordo*). Pois o Senhor, que pisoteava as agitações e tempestades deste mundo, não podia fazer partícipe de sua paixão a ninguém. Somente Ele sofreria por todos e redimiria os pecados de todos, e não admite um companheiro o que é dado a todos por um só (*solus enim passus pro Omnibus omnium peccata soluebat, nec socium admittit quicquid uniuersitati praestatur abab*). Sendo Ele a redenção de todos, Pedro também devia ser redimido, já que o tinha reservado para ser a garantia dessa redenção como mártir de Cristo". O termo *universitas*, muito característico de Hilário, frequentemente designa a totalidade dos seres humanos enquanto unidos e incluídos em Cristo. Cf. PETORELLI, J.P. "Le thème de Sion expression de la théologie de la rédemption dans l'oeuvre de Saint Hilaire de Poitiers". In: *Hilaire et son temps* – Actes du Colloque de Poitiers, 29/09-03/10/1968. Paris, 1969, p. 213-233. • AMBRÓSIO DE MILÃO. *In ps.* 118, 8,57 (Opera, 9,370): "Mysticus autem ille sol iustitiae omnibus ortus est, omnibus venit, omnibus passus est et omnibus resurrexit".

276 HILÁRIO DE POITIERS. *Trin.*, XII 36 (CCL 62A, 606). • AMBRÓSIO DE MILÃO. *De Fide*, IV 10,130 (Opera 15,316).

oferece e se cumpre, de uma vez por todas, a vontade universal de salvação de Deus, deve ser interpretada, usando uma terminologia de Hans Urs von Balthasar, não em termos *exclusivos*, mas *inclusivos*. Em outras palavras, Cristo é o único mediador na medida em que sua presença é universal, não limitada. A antiga teologia das sementes do Verbo já é uma expressão eloqüente da preocupação de colocar em relevo essa universalidade de sua presença. Por um lado, se estabelece claramente que a totalidade do Logos se encontra em Cristo, mas isso não impede que se afirme sua presença igualmente universal. Alguns textos serão suficientes para mostrá-lo. Diz o filósofo e mártir Justino: "Recebemos o ensinamento de que Cristo é o primogênito de Deus e, anteriormente, indicamos que Ele é o Verbo, de quem todo gênero humano participou. E assim, aqueles que viveram conforme o Verbo são cristãos, mesmo quando foram considerados ateus [...]"[277]. E também: "Nada, portanto, tem de maravilha se desmascarados {os demônios} também tentam se tornar odiosos, e com mais empenho, aqueles que vivem não já de acordo com uma parte do Verbo seminal, mas de acordo com o conhecimento e contemplação do Verbo total que é Cristo"[278]. Não há, portanto, contradição entre a presença total do Verbo em Cristo, a plenitude da revelação e sua presença universal, menos plena, parcial e participada, mas nem por isso desprovida de significação em ordem à salvação de todos. E não só não há contradição, como se reclamam uma à outra mutuamente. Porque a presença universal tem sentido enquanto irradiação da plenitude do Verbo em pessoa, do Filho de Deus feito carne. E ao mesmo tempo esta presença total carrega em

---

277 JUSTINO. *Apología*, I 46,2-3 (Wartelle, 160). Tradução retirada de RUIZ BUENO, D. *Padres Apologetas Griegos*. Madri: BAC, p. 116, 232.

278 JUSTINO. *Apología*, II 8,3 (Wartelle 208). Tradução de RUIZ BUENO, D. *Padres Apologetas Griegos*. Madri: BAC, 116, p. 269. Cf. tb. CLEMENTE DE ALEXANDRIA. *Protr.*, I 5,4; X 98,4 (SCh 2bis, 60; 166). Cf. COMISSÃO TEOLÓGICA INTERNACIONAL. *O cristianismo e as religiões*, p. 41-45. Apud POZO, C. (ed.). *Documentos 1969-1996*. Madri, 1998, p. 572-573.

si o dinamismo da universalidade e não seria plena se não tivesse um significado para todos os seres humanos. Não está distante esta preocupação fundamental manifestada ainda nos primeiros séculos cristãos, a doutrina do recentemente desenvolvimento, das mediações participadas, que no âmbito da única mediação de Cristo, e sem serem paralelas e complementares com ela, poder ter sentido e valor ao receber toda a força de Jesus, salvador único[279]. Jesus inclui todos e não exclui ninguém. De sua plenitude todos nós recebemos (Jo 1,16). A universalidade da salvação e a unicidade da mediação de Cristo se afirmam conjuntamente, não são dois dados incompatíveis, mas se iluminam e se reclamam mutuamente.

5.4 A universalidade do dom do Espírito

Uma reflexão sobre a universalidade da salvação não pode prescindir da referência pneumatológica. "Derramarei meu espírito sobre toda a carne", diz a profecia de Joel, que no dia de Pentecostes Pedro considera já realizada (cf. At 2,14-21; Jl 3,1-5). "O Espírito do Senhor enche a terra" (Sb 1,7). O Espírito, por definição, não tem limites e não pode ser controlado, resiste a qualquer localização. Não é difícil, desde esse ponto de vista, relacionar a universalidade da salvação com o Espírito Santo. Mais dificuldades podem criar a vinculação entre a universalidade de Cristo e a do Espírito. E, de fato, baseado no pressuposto de que o Espírito não pode ser limitado em sua faculdade de soprar onde quiser (cf. Jo 3,8), tem-se postulado uma presença salvadora do Espírito divino mais ampla e universal que a

---

279 Considero especialmente significativo o fato de que a declaração *Dominus Iesus*, 14, ao convidar a teologia de hoje a explorar se e em que medida figuras e elementos positivos de outras religiões podem entrar no plano divino de salvação, aluda a um texto de *Lumen Gentium,* 62 sobre a cooperação múltipla de criaturas suscitada pela mediação única do Redentor (o contexto imediato trata da função de Maria), e outro de *Redemptoris Missio*, 5, sobre as mediações participadas de ordem diversa no contexto mais amplo das riquezas espirituais e os dons que Deus deu a todos os povos e culturas.

de Jesus Cristo; este, em sua humanidade, limitaria necessariamente a universalidade do Espírito. Sua ação salvadora seria apenas uma das manifestações da atuação universal do Espírito, talvez a mais plena e radical, porém não poderia reivindicar sua exclusividade[280]. Mas, pode uma universalidade da ação do Espírito sem ligação de acordo com a de Jesus segundo o Novo Testamento? Pode a presença do Espírito Santo ser mais universal e mais ampla do que a do Cristo encarnado, morto e ressuscitado, "que subiu acima dos céus para plenificar tudo"? (Ef 4,10).

O Novo Testamento nos fala sobre o dom do Espírito por parte Jesus, não sem termos falado antes da presença do Espírito no próprio Jesus. "Toda a atividade de Cristo foi realizada com a presença do Espírito Santo", disse Basílio Magno[281]. O Espírito Santo opera a encarnação de Jesus (cf. Mt 1,18.20; Lc 1,35), desce sobre ele e nele Cristo é ungido no Jordão (cf. Mc 1,9-11 par.; Lc 4,18; At 10, 38). O Espírito Santo opera a encarnação de Jesus (cf. Mt 1,18.20; Lc 1,35), desce sobre Ele e nele Cristo é ungido no Jordão (cf. Mc 1,9-11 par.; Lc 4,18; At 10,38). A partir deste momento, permanece e repousa nele (cf. Jo 1,32.34). Jesus se oferece ao Pai no momento da paixão em virtude de um Espírito eterno (cf. Hb 9,24)[282] e é constituído Filho de Deus em poder segundo o Espírito de santidade pela ressurreição dos mortos (cf. Rm 1,4). É a glorificação do Senhor na sua ressurreição que abre a porta ao dom do Espírito (cf. Jo 7,39). Jesus ressuscitado e exaltado o recebe do Pai para sua efusão ao gênero humano (cf. At 2,33). O Espírito nos é comunicado como

---

280 Declaração *Dominus Iesus*, 12: "Há também aqueles que propõem a hipótese de uma economia do Espírito Santo com um caráter mais universal do que a do Verbo encarnado, crucificado e ressuscitado. Essa afirmação é também contrária à fé católica que, por outro lado, considera a encarnação salvífica do Verbo como um evento trinitário".

281 *De Spiritu Sancto* 16,39 (SCh 17bis,386).

282 Cf. VANHOYE, A. "Esprit éternel et le feu du sacrifice". In: *Biblica*, 64, 1983, p. 263-274.

dom de Jesus Cristo ressuscitado (cf. Jo 20,22); por isso, é chamado Espírito de Cristo, de Jesus, de Jesus Cristo (cf. Rm 8,9; 1Pd 1,11; At 16,7; Fl 1,19; Gl 4,6 etc.). O Senhor nos dá o Espírito porque sua própria humanidade é completamente permeada dele, transformada em um "espírito vivificante" (1Cor 15,45). A teologia patrística viu uma relação essencial entre a "novidade" do Senhor na ressurreição e a novidade do dom do Espírito. Assim, o Espírito, segundo Santo Irineu, renova os seres humanos "do velho homem à novidade de Cristo"[283]. E acrescentará Orígenes:

> Nosso salvador, depois da ressurreição, quando já havia passado o velho e todas as coisas haviam sido renovadas, sendo Ele mesmo o novo ser humano e o primogênito dos mortos (cf. Cl 1,18), renovados também os apóstolos pela fé na ressurreição, disse: "Recebei o Espírito Santo" (Jo 20,22). Foi isso que o próprio senhor e salvador disse no evangelho (cf. Mt 9,17), quando negou que se pudesse colocar vinho novo em odres velhos, mas ordenou que fossem feitos odres novos, isto é, que os seres humanos caminhassem na novidade de vida (cf. Rm 6,4), para que recebessem o vinho novo, isto é, a novidade de Cristo[284].

Novidade de Jesus e novidade do ser humano pela obra do Espírito de Jesus. No Espírito do Filho podemos chamar Deus Pai (cf. Gl 4,6; Rm 8,15). A salvação que o Espírito nos traz é a configuração com Cristo, a filiação divina, a ressurreição com Ele (cf. Rm 8,11). O Novo Testamento e a tradição da Igreja têm ligado essencialmente o dom do Espírito ao Senhor ressuscitado, sua efusão tem sua origem na humanidade glorificada de Jesus[285]. Nem o

---

283 IRINEU DE LIÃO. *Adv. Haer.*, III 17,1 (SCh 211, 330).

284 ORÍGENES. *De principiis*, I 3,7 (SCh 252,158). Cf. tb. II 7,2 (328).

285 IRINEU DE LIÃO. *Adv. Haer.*, III 24,1 (SCh 211,472): "deposita est [in Ecclesia] communicatio Christi, id est Spiritus Sanctus". • ATANÁSIO DE ALEXANDRIA. *Ad. Serap.* I 23 (PG 26,565): "O selo leva a forma de Cristo que é quem sela, do qual se fazem partícipes os que são selados". • BASÍLIO DE CESAREIA. *De Spiritu*

Novo Testamento nem a tradição da Igreja conhecem uma doação do Espírito desligada da ressurreição de Jesus e que não esteja orientada para a consumação da obra salvadora dele. A humanidade de Jesus é o lugar da presença do Espírito Santo no mundo e esta humanidade, uma vez glorificada na ressurreição e exaltação, é o princípio da efusão do Espírito aos seres humanos[286].O Espírito Santo tem na Igreja, corpo de Cristo, o seu lugar natural[287], mas isso não é um obstáculo à sua presença universal, uma vez que a salvação de Cristo deve chegar a todos[288]. No Espírito, por meio de Cristo, temos acesso ao Pai (cf. Ef 2,18), que é, como já tivemos ocasião de ver, a meta e a finalidade de todo ser humano. A unidade da origem e, acima de tudo, a unidade do destino, garantem a unidade última do gênero humano, que tem o seu centro e ponto de convergência em Cristo (cf. GS 10; 45). A universalidade do Espírito não pode ser separada da de Cristo, do seu senhorio universal e de seu domínio sobre tudo, a partir da ressurreição. Além disso, a presença universal do Espírito mostra e testifica que o Senhor ressuscitado plenifica tudo. É assim que Hilario de Poitiers se expressa em seu comentário ao Sl 57(56):

> O profeta anuncia com seu desejo que Deus há de ser exaltado acima dos céus (cf. Sl 57,6). E porque depois de ter sido exaltado acima dos céus, tudo plenificaria com a glória de seu Espírito Santo [o salmista] acrescenta: E *tua glória sobre toda a terra* (Sl 57,6). Porque o dom do Espírito derramado sobre toda a carne ia ser testemunho da glória do Senhor exaltado acima dos céus[289].

Sancto, 18,46 (SC 17bis, 410): "[O Espírito Santo] como Paráclito leva a marca da bondade do Paráclito que o enviou".

286 Cf. *Dominus Iesus*, 12.

287 IRINEU DE LIÃO. *Adv. Haer.*, III 24,1 (SCh 211,474): "Onde está o Espírito do Senhor, ali está a Igreja; e onde está a Igreja está o Espírito do Senhor e toda graça".

288 Cf. JOÃO PAULO II. *Redemptoris Missio*, 28-29.

289 HILÁRIO DE POITIERS, *Tr. Ps.* 56,6 (CCL 61,164).

A universalidade de Cristo e a do Espírito vão juntas e não podem ser compreendidas uma sem a outra. Sem o Espírito, a obra do salvador de todos não chega a seu cumprimento. Tanto a relevância universal de Cristo como a do Espírito são necessárias para a universalidade da salvação. Não pode ser de outra forma se, de acordo com a antiga convicção cristã, somente de Jesus deve vir o Espírito àqueles que creem nele e a toda a humanidade[290]. Sem o Filho encarnado e sem o Espírito, o desígnio salvador do Pai que abraça toda a humanidade não se realiza. Uma só é a economia de salvação que vai desde a eleição em Cristo, antes da criação do mundo, até a recapitulação de tudo em Cristo (cf. Ef 3,1-10). O Pai a leva a cabo por meio de Jesus e na força do Espírito que, junto com ele, se nos infunde depois de ressuscitá-lo.

5.5 Conclusão

Já nos referimos no início desta exposição a uma passagem fundamental da GS 22, com a qual também podemos terminar, embora nos recusemos a citá-la novamente, porque nos oferece uma excelente síntese do dinamismo da salvação universal que tem no mistério pascal sua realização e fundação. A universalidade da obra de Cristo centra-se no fato de que ele morreu por todos; morrendo

---

290 "Repousaram, pois, isto é, baixaram os dons do Espírito, uma vez vindo aquele depois do qual [...] tinham que baixar em vós e, repousando nele, converter-se outra vez em dons que Cristo reparte entre os que nele creem [...]. Já lhes disse como foi profetizado que isso havia Ele de fazer depois de sua ascensão aos céus, e agora eu lhes repito. Disse, pois, a Escritura: 'Subiu até às alturas, levou cativa a catividade, deu dons aos filhos dos seres humanos' (Sl 67,18; Ef 4,8). E novamente se diz em outra profecia: "E acontecerá depois disto: Derramarei meu Espírito sobre toda a carne, e sobre meus servos sobre minhas servas, e profetizarão' (Jl 3,1-2; At 2,17-18)". Não é necessário insistir que a plenitude do *Pneuma* em Cristo está em relação com a sua condição de *Logos* pessoal, já que já possuía o Espírito desde o momento em que foi ungido pelo Pai na força do Espírito divino para dar consistência à criação, e que o recebe em uma nova efusão enquanto encarnado para levar a cabo a obra salvadora e comunicá-la aos seres humanos seus irmãos.

nos deu a vida, isto é, a vida de sua ressurreição. Mesmo aqueles que não o conhecem são chamados à única vocação divina, isto é, à perfeita filiação em Cristo e por Cristo. Cristãos e não cristãos chegam a esta meta em virtude do dom do Espírito que nos associa ao único mistério pascal de Cristo, ainda que seja por caminhos diversos, que Deus conhece[291]. Santo Irineu já falava da "sinfonia da salvação", aludindo às várias maneiras pelas quais, nos tempos do Antigo Testamento, o Pai, rico e grande, havia guiado os seres humanos à salvação mediante o Verbo e pelos muitos dons do Espírito[292]. A meta última que é Deus Pai todos podem acessar por meio de seu Filho feito ser humano por nós e no Espírito de Jesus. Esta única via está aberta a todos: *Patet ergo uniuersis per coniunctionem carnis aditus in Christo*[293].

---

291 Cf. uma expressão semelhante em AG 7.

292 IRINEU. *Adv. Haer.*, IV 14,2 (SCh 100, 544-46): "Ele de ninguém necessitava; em vez disso, concedeu sua comunhão àqueles que precisavam dele. E aos que o agradaram, Ele projetou como arquiteto a fabricação (da Arca) salvadora. E aos que no Egito não viam, fazia-se pessoalmente de guia. E aos que vagavam inquietos no deserto, dava-lhes uma lei perfeita. E os que entraram na terra boa dava-lhes uma herança digna. E aos que retornam (arrependidos) ao Pai, Ele sacrifica o bezerro cevado e lhes dá a primeira veste" (cf. Lc 15,22s.). De muitas formas, dispôs ao humano linhagem para a sinfonia da salvação (cf. Lc 15,25). Por isso João diz no Apocalipse (1,15): "E sua voz [era] como de muitas águas". Muitas águas são, com efeito de verdade, o Espírito, por causa do rico e do grande que é o Pai. E através de todos eles fazia valer o Verbo, fora de toda inveja, àqueles que estavam sujeitos; traçando para todas as criaturas uma lei conveniente e apropriada" (apud ORBE, A. *Teología de San Ireneo*, IV. Madri/Toledo, 1996, p. 189-191). LEÃO MAGNO. *In nat. Domini*, 4,1 (PL 54,203): "Sacramentum salutis humana e nulla umquam antiquitate cessavit [...]. Semper quidem, dilectissimi, diversis modis multisque mensuris humano generi bonitas divina consuluit. Et plurima providentiae suae munera omnibus retro saeculis clementer impertui".

293 HILÁRIO DE POITIERS, *Tr. Ps.* 91,9 (CCL 61,329).

Índice

Sumário, 7

Apresentação da edição original espanhola, 9

Prólogo, 11

1 Cristo, "perfeito ser humano" e "ser humano perfeito", 17

    1.1 A perfeição da humanidade de Jesus nos concílios antigos, 17

    1.2 O Concílio Vaticano II, 24

    1.3 Cristologia e antropologia: algumas reflexões, 29

2 A antropologia cristã como proposta de um novo humanismo, 39

    2.1 Alguns dados da antropologia bíblica, 41

    2.2 Cristo e o ser humano: algumas reflexões patrísticas, 44

    2.3 Cristo e o ser humano segundo o Concílio Vaticano II e a reflexão teológica contemporânea, 50

        2.3.1 Cristo, o ser humano perfeito, 50

        2.3.2 A filiação divina do ser humano, 62

        2.3.3 Cristo, medida do ser humano, 66

    2.4 Conclusão, 71

3 Salvação de Cristo e salvação do ser humano, 75

    3.1 A salvação: Deus e o ser humano a se encontrarem, 75

    3.2 A salvação em Cristo, 85

    3.3 A "perfeição" de Cristo, causa de nossa salvação, 88

3.4 O Filho de Deus unido a todo ser humano, 98

3.5 Algumas perspectivas escatológicas, 105

3.6 Conclusão, 112

4 A encarnação de Deus e a teologia cristã das religiões, 115

4.1 Encarnação, evento único e irrepetível, 117

4.2 "O Filho de Deus se uniu em certo modo a todo ser humano", 120

4.3 A encarnação e a definição do ser humano, 124

4.4 A relevância universal da encarnação e a teologia das religiões, 126

4.5 A encarnação e do dom do Espírito, 134

4.6 A configuração com Cristo glorificado, plenitude para todos os seres humanos, 138

4.7 Conclusão, 139

5 O cristianismo e a universalidade da salvação, 143

5.1 Algumas indicações do Concílio Vaticano II, 143

5.2 Alguns desenvolvimentos da teologia recente em torno da universalidade da salvação, 147

5.3 Universalidade da salvação e mediação única de Cristo, 155

5.4 A universalidade do dom do Espírito, 171

5.5 Conclusão, 175

LEIA TAMBÉM:

Dicionário de Teologia Fundamental

Esse *Dicionário* tem por base o binômio revelação-fé. Em torno deste eixo giram os 223 verbetes que o compõem. A estrutura do *Dicionário* foi pensada de modo a propor, a quem o desejar, um estudo sistemático de todos os temas da Teologia Fundamental: os princípios básicos e suas implicações.

Em sua concepção inicial, essa obra procurou definir, antes de tudo, as grandes linhas do *Dicionário* e, em seguida, determinar os verbetes a serem tratados, levando em conta uma série de critérios.

Mesmo tendo sido composto há algumas décadas, permanece muitíssimo atual, justamente pela forma abrangente utilizada em sua organização. Sendo um dicionário, não contém tratados teológicos sistemáticos, mas cada temática é apresentada com uma grande abrangência. Além disso, ao final de cada verbete há indicações bibliográficas para aprofundamento.

Jesus, Paulo e os Evangelhos

James D.G. Dunn

Esta obra, escrita por um pesquisador amplamente respeitado, oferece uma visão panorâmica harmônica e esclarecedora sobre as origens do movimento inicial de Jesus e do início da comunidade cristã.

Além disso, aborda uma variedade de questões básicas do estudo do Novo Testamento, como as seguintes: *Onde*, *por que* e *como* os Evangelhos foram escritos e *o que* deveríamos esperar deles; A confiabilidade e a historicidade dos relatos dos evangelhos a respeito da vida e do ministério de Jesus; A significativa e perene importância do Apóstolo Paulo e de sua mensagem; Pontos de continuidade e descontinuidade entre o ensinamento de Jesus e o de Paulo – e como interligar os dois.

James D.G. Dunn é professor de teologia aposentado, detentor da Cátedra Lightfoot na Universidade de Durham na Inglaterra. Dentre seus muitos livros merecem destaque: *Jesus Remembered* [Jesus recordado] e *Beginning from Jerusalem* [Começando em Jerusalém] (volumes 1 e 2 de *Christianity in the Making* [Cristianismo em construção]) e os comentários a Romanos, Gálatas, Colossenses e Filêmon.

CULTURAL

Administração
Antropologia
Biografias
Comunicação
Dinâmicas e Jogos
Ecologia e Meio Ambiente
Educação e Pedagogia
Filosofia
História
Letras e Literatura
Obras de referência
Política
Psicologia
Saúde e Nutrição
Serviço Social e Trabalho
Sociologia

CATEQUÉTICO PASTORAL

Catequese
Geral
Crisma
Primeira Eucaristia

Pastoral
Geral
Sacramental
Familiar
Social
Ensino Religioso Escolar

TEOLÓGICO ESPIRITUAL

Biografias
Devocionários
Espiritualidade e Mística
Espiritualidade Mariana
Franciscanismo
Autoconhecimento
Liturgia
Obras de referência
Sagrada Escritura e Livros Apócrifos

Teologia
Bíblica
Histórica
Prática
Sistemática

VOZES NOBILIS

Uma linha editorial especial, com importantes autores, alto valor agregado e qualidade superior.

REVISTAS

Concilium
Estudos Bíblicos
Grande Sinal
REB (Revista Eclesiástica Brasileira)

VOZES DE BOLSO

Obras clássicas de Ciências Humanas em formato de bolso.

PRODUTOS SAZONAIS

Folhinha do Sagrado Coração de Jesus
Calendário de mesa do Sagrado Coração de Jesus
Agenda do Sagrado Coração de Jesus
Almanaque Santo Antônio
Agendinha
Diário Vozes
Meditações para o dia a dia
Encontro diário com Deus
Guia Litúrgico

CADASTRE-SE
www.vozes.com.br

EDITORA VOZES LTDA.
Rua Frei Luís, 100 – Centro – Cep 25689-900 – Petrópolis, RJ
Tel.: (24) 2233-9000 – Fax: (24) 2231-4676 – E-mail: vendas@vozes.com.br

UNIDADES NO BRASIL: Belo Horizonte, MG – Brasília, DF – Campinas, SP – Cuiabá, MT
Curitiba, PR – Fortaleza, CE – Goiânia, GO – Juiz de Fora, MG
Manaus, AM – Petrópolis, RJ – Porto Alegre, RS – Recife, PE – Rio de Janeiro, RJ
Salvador, BA – São Paulo, SP